David and Michiko Young

Die Gärten Japans

TRADITION & MODERNE

aus dem Englischen von Sabine Hesemann

Ulmer

Die englische Originalausgabe erschien 2005 unter dem Titel The Art of the Japanese Garden bei Tuttle Publishing.

Deutsche Ausgabe
Titelbild: Ben Simmons Photography
Übersetzung: Sabine Hesemann

Bibliografische Information der Deutschen Bibliothek
Die Deutsche Bibliothek verzeichnet diese Publikation in der Deutschen Nationalbibliografie; detaillierte bibliografische Daten sind im Internet über http://dnb.ddb.de abrufbar.

Wollgrasweg 41, 70599 Stuttgart (Hohenheim)
E-Mail: info@ulmer.de
Internet: www.ulmer.de
Umschlaggestaltung: Atelier Reichert, Stuttgart
Lektorat: Doris Kowalzik
DTP: Satz+Layout Fruth GmbH, München
Printed in Singapore

ISBN-13: 978-3-8001-5162-2
ISBN-10: 3-8001-5162-6

Titelbild: Südgarten im Tempel Zuihōin, einem Nebentempel des Zen-Klosters Daitoku-ji in Kyoto.

Seite 1: Blühende Iris im Garten Banshū Yamazaki Hana Shōbuen, Präfektur Hyogo.

Seiten 2/3: Ein Schachbrettmuster aus Moos und Steinplatten im Nördlichen Garten des Hōjō-Gartens im Tempel Tōfuku-ji, Kyoto (siehe Seite 164).

Seiten 4/5: Blick auf den Teich und die Kotoji genannte Steinlaterne innerhalb des großen Wandelgartens Kenrokuen, Kanazawa (siehe Seiten 148–153).

Seite 6: Die Kirschblüten des Ryōan-ji, Kyoto (siehe Seiten 108/109).

Inhalt

Eine frühe Kunstform

Anfangs nur einfache mit Kieseln bestreute, überdachte Flecken an einem Strand oder in einem Wald, wo man zu Ehren von Naturgeistern Zeremonien abhielt, entstand daraus über Jahrtausende hinweg in Japan mit der Gartengestaltung eine Kunstform. Diese mit Kieseln bedeckten Flächen entwickelten sich schon im Altertum zu Höfen im Umfeld der Wohngebäude der Familienoberhäupter oder bei Shinto-Schreinen. Zu dieser frühen eigenständig japanischen Tradition traten ab dem 3. vorchristlichen Jahrhundert auch Glaubensvorstellungen und Riten, die aus Korea oder China übernommen wurden. Diese Entwicklung fand ihren Höhepunkt mit der Einführung der chinesischen Hochkultur des 6. und 7. Jahrhunderts n. Chr. Diese zweite Welle kultureller Einflüsse brachte das Schrifttum, den Buddhismus und die auf dem chinesischen Festland vorherrschende Gartengestaltung um einen Teich herum nach Japan.

Über Jahrhunderte hinweg standen die eigenständigen und die fremden Traditionen in regem Austausch miteinander und wurden in mannigfaltiger Weise verschmolzen, um den Bedürfnissen des Adels, der Aristokraten und der religiösen Stätten, hin und wieder auch dem einfachen Volk, gerecht zu werden. Dabei entstanden in Japan einige der schönsten und bedeutungsvollsten Gärten der Welt. Heutzutage sind die japanischen Gestaltungsmethoden an das Leben der modernen Gesellschaft angepasst und üben einen starken Einfluss auf die Gartengestaltung weltweit aus.

Historischer Überblick

Seiten 8/9: Gestaltungsvorschlag (Detail) aus dem im Jahre 1735 erschienenen Gartenhandbuch *Tsukiyama Teizōden* (dt.: Von der Errichtung von Bergen und der Anlage von Gärten).

Gegenüber: Laterne auf einer Insel des Teiches Sawa-no-ike, Kōrakuen, Okayama (siehe dazu Seiten 154/155)

Seiten 12/13: Der Goldene Pavillon (Kinkaku) am nordöstlichen Teichufer des Teichs Kyōko-chi in der Tempelanlage Kinkaku-ji, Kyōto (siehe dazu Seiten 102–105).

Kurz vor Ende des Pleistozäns besiedelten Menschen aus unterschiedlichen Teilen Asiens Japan. Manche kamen aus dem Norden über die Insel Sachalin, andere kamen über Korea aus China. Wieder andere kamen per Schiff von Süden. Über diese frühen Völker ist wenig bekannt. Sie waren wohl steinzeitliche Jäger und Sammler mit technisch hervorragenden Werkzeugen.

Während der Jōmon-Zeit (10 000–300 v. Chr.) erfanden sie die Keramik und gegen Ende der Epoche begannen die Menschen erste Erfahrungen mit dem Anbau von Reis in Nassfeldern zu sammeln. Sie lebten in grubenähnlichen Häusern, doch das Getreide wurde in hohen Gebäuden gelagert. Während der Yayoi-Zeit (300 v. Chr.–300 n. Chr.) kamen neue Impulse und Einwanderer vom Festland herüber, und mit ihnen das Zusammenleben in sesshaften, dörflichen Gemeinschaften. Zu jener Zeit entwickelte sich auch der Shintoismus.

Die Entstehung eines geeinten Reiches

Mit Beginn der späten Yayoi-Zeit errichtete man den Clan-Chefs und anderen wichtigen Persönlichkeiten die ersten Hügelgräber. Die Hügelgräber-Zeit, die etwa 300 n. Chr. begann, war dadurch gekennzeichnet, dass man die jahrhundertealte Rivalität zwischen den Familien zu überwinden trachtete, zugunsten eines geeinten Reiches unter der Führung der Yamato-Sippe. Das heutige Kaiserhaus kann sich auf diese Vorfahren berufen. Der Buddhismus wurde in Japan etwa im 6. Jahrhundert aus Korea eingeführt. Der Zeitraum zwischen der Ankunft des Buddhismus und der Taika-Reform im Jahre 645 ist unter dem Namen Asuka-Zeit (538–645) bekannt. Der Name rührt von der Region Asuka in der Nähe der Stadt Nara her. Während der Asuka-Zeit veränderte sich Japan unter dem Einfluss der chinesischen Kultur.

Die Vorherrschaft der festländischen Kultur

Die Taika-Reform, zugleich der Beginn der Hakuhō-Periode (645–710), brachte eine Zentralregierung sowie ein Rechtssystem nach dem Vorbild der chinesischen Tang-Dynastie hervor. Diplomatische Beziehungen zu China wurden erstmals aufgenommen und die vom Festland inspirierte Kulturnorm verbreitete sich. Im Jahre 710 wurde die Hauptstadt nach Heijō in der Nähe der heutigen Stadt Nara verlegt. Damit begann die so genannte Nara-Zeit (710–794). Bedeutende buddhistische Klöster siedelten sich in der neuen Hauptstadt an. Die Blüte der Architektur und der Künste, die damit einherging, markiert den Höhepunkt buddhistischer Kultur in Japan sowie die Entstehung des japanischen Kaiserreiches.

Im Jahre 794 wurde die Hauptstadt erneut verlegt. Heiankyō, das heutige Kyoto, sollte für mehr als tausend Jahre bis zur Edo-Zeit Sitz des Tenno bleiben. Zur Zeit der Meiji-Restauration (1868) erklärten die Herrscher Edo, das heutige Tokyo, zur Hauptstadt. Die Heian-Zeit (794–1185) erlebte weitere kulturelle Anleihen bei der chinesischen Tang-Dynastie. Im Laufe der Zeit schränkte Japan seine Kontakte zum Festland ein. Die übernommenen Traditionen wurden assimiliert und zu einer eigenständigen Kultur weiterentwickelt.

Feudalismus

Aus den gegen Ende der Heian-Zeit zwischen den Sippen der Taira und Minamoto geführten Kriegen gingen die Minamoto siegreich hervor. Um sich dem Einfluss des kaiserlichen Hofes in Kyoto zu entziehen, gründete der siegreiche Familienverband ein militärisches Verwaltungssystem (*bakufu*) mit Sitz in Kamakura, nahe dem heutigen Tokyo. Damit beginnt die so genannte Kamakura-Zeit (1185–1333). Japan hatte sich in eine feudale Gesellschaft gewandelt, an deren Spitze nun der Shogun stand. Die Verwaltung folgte den Traditionen des *bushidō*, dem »Weg des Kriegers«. Das Kamakura-Shogunat wurde durch die Invasionsversuche der Mongolen geschwächt und verlor die Macht an die Ashikaga-Familie. Unter den Ashikaga wurde die militärische Hauptstadt wieder nach Kyoto zurückverlegt. Damit begann die Muromachi-Zeit (oder Ashikaga-Zeit, 1333–1573). Sie erlebte eine Blüte der vom Zen-Buddhismus inspirierten Kunstformen wie Tuschmalerei, Kalligraphie, Blumensteckkunst, Tee-Zeremonie, No-Theater und Gartengestaltung. Schließlich verloren die Ashikaga an Macht und im Zuge einer mehr als 10 Jahre währenden Fehde (Ōnin-Kriege) versank die Hauptstadt fast völlig in Schutt und Asche. Die erneute Reichseinigung erfolgte unter der Regentschaft der Momoyama (1573–1600) durch drei aufeinander folgende, herausragende Militärstrategen: Oda Nobunaga, Toyotomi Hideyoshi und Tokugawa Ieyasu. Die Tokugawa verlegten die militärische Hauptstadt nach Edo, womit die Edo-Zeit (auch Tokugawa-Zeit, 1600–1868) begann.

Das vor-moderne Japan

Die Unzufriedenheit mit den Herrschern der Edo-Zeit wuchs in dem Maße, in dem Japan hinter dem technischen Fortschritt des Westens zurück blieb. Die Meiji-Restauration im Jahre 1868 verfügte die Abschaffung des Shogunats und der Samurai-Kaste. Im Gegenzug erhielt der Tenno zumindest auf dem Papier wieder die alte Macht. Japan wurde zur konstitutionellen Monarchie und begab sich auf den Weg zu einer raschen Modernisierung, Industrialisierung und Urbanisierung. Mit dieser Entwicklung ging eine Stärkung des Militarismus einher, was Japan in den 2. Weltkrieg führte.

Chronologie der japanischen Gartenkunst

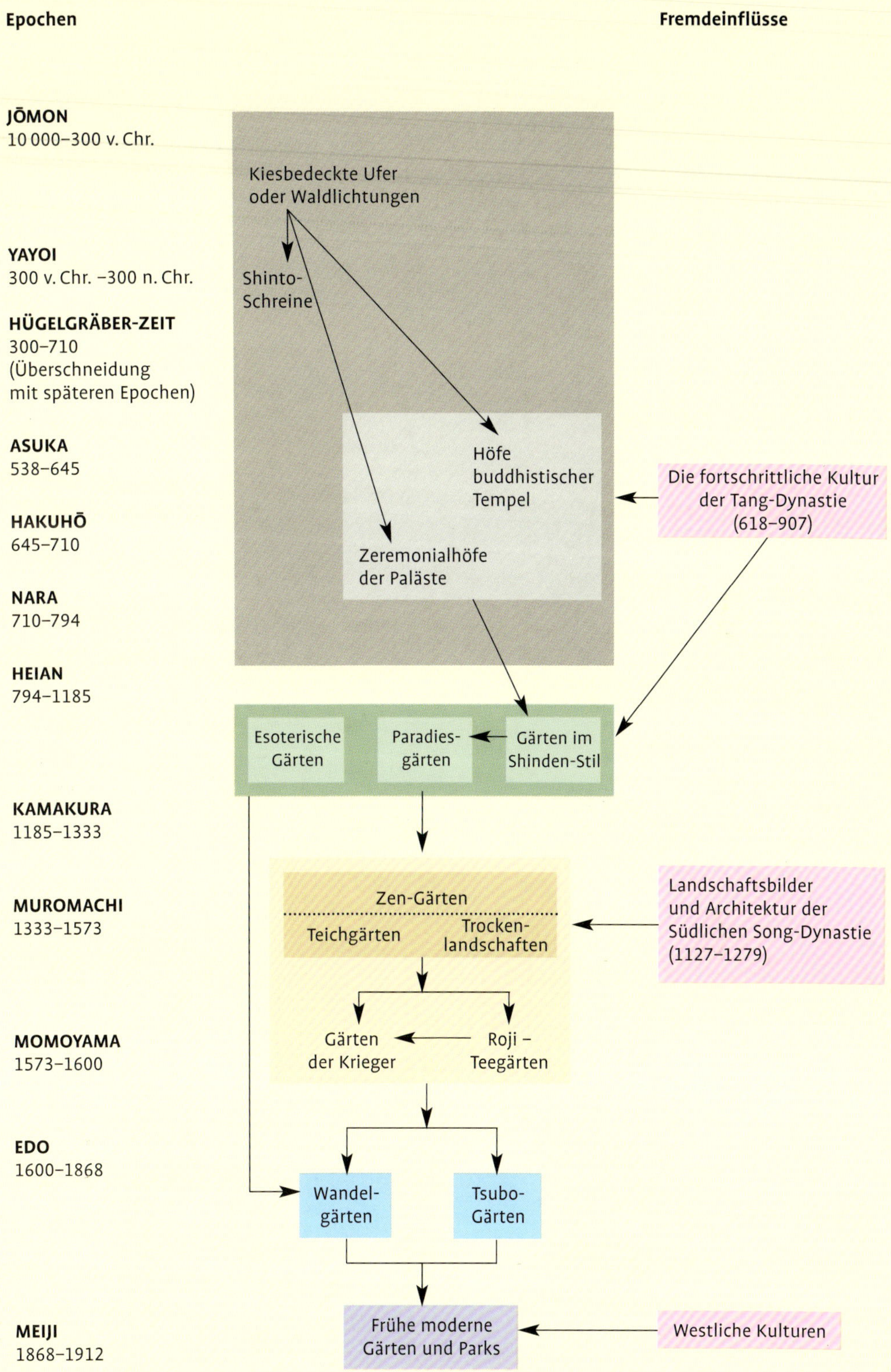

Die Entwicklung des Japanischen Gartens

Gegenüber: Blick auf das Teehaus Kikugetsutei (Pavillon, wo man den Mond schöpft) am nördlichen Ufer des Südteiches, Ritsurin Kōen, Takamatsu (siehe dazu Seiten 142–147)

Unten: China übte zu unterschiedlichen Zeiten einen starken Einfluss auf die Japanische Gartengestaltung aus. Die Aufnahme zeigt den Teichgarten Yoen (chin. Yu yuan) in Shanghai aus der späten Ming-Zeit (1368–1644).

In der westlichen Welt, deren Kulturen mehrheitlich europäischen Ursprungs sind, bezeichnet das Wort »Garten« einen Ort, wo Dinge wachsen – wie einen Gemüsegarten, Blumengarten oder einen formalen Garten, dessen Blumen, Sträucher und Bäume in einem Arrangement gestaltet sind, um die Sinne zu erfreuen. Für Japan ist diese Definition zu eng gefasst, da viele Gärten nur aus Felsen oder Kies bestehen und gar keine Vegetation aufweisen.

Der Begriff Teien

In der modernen japanischen Sprache verwendet man zur Bezeichnung des Gartens das Wort *teien*, eine Zusammensetzung aus zwei Schriftzeichen mit der Lesung *niwa* und *sono*. In archaischer Zeit bezeichnete das Wort *niwa* Orte mit zeremonieller Bedeutung, wo man beispielsweise die *kami* (Naturgeister) verehrte. Diese Orte mögen das Umfeld eines geheiligten Gegenstandes wie eines Baumes, Felsens, Wasserfalls oder natürlich mit Kies bedeckte Strände oder mit Schotter bedeckte Waldlichtungen gewesen sein. Nach der Entwicklung des Ackerbaus bezeichnete der Begriff *niwa* den blanken, lehmbedeckten Boden vor einer Behausung. Dort führte man die täglichen Riten oder Abschiedszeremonien für Gäste durch.

Nach der Verbreitung der Landwirtschaft um etwa 300 v. Chr. bezeichnet das Wort *sono* jenes kleine, abgesenkte Feld, das beim Reisanbau unter Wasser gesetzt werden konnte. Der Nassreisanbau brachte eine erhebliche Umgestaltung der Umwelt mit sich. Neben der Rodung von Bäumen mussten die Felder eingeebnet, teils sogar terrassenförmig angelegt werden. Um jedes Feld entstand ein Mäuerchen, um den Abfluss des Wassers zu verhindern. Ausgeklügelte Bewässerungssysteme wurden konstruiert. Die besondere Bedeutung des Wassers lässt sich auch anhand der geheiligten Teiche und der Reinigungsrituale des frühen Shinto-Glaubens ermessen.

Zusammengefasst waren *niwa* also die Orte, die mit Kies oder Lehm bedeckt zur Durchführung von Zeremonien dienten, *sono* dagegen waren bepflanzte und bewässerte Flächen. Beide Wurzeln leben somit im Begriff *teien* fort.

Geheiligt oder profan

Um die Beziehung zwischen Kies und Bepflanzung zu verdeutlichen, erscheint es notwendig, zwischen den Begriffen »geheiligt« und »profan« zu unterscheiden – beide stehen einander als Pole eines Kontinuums gegenüber. Am geheiligten Ende befinden sich jene Anlagen, die spirituellen Angelegenheiten vorbehalten waren, darunter auch Personen mit »heiligen« Wurzeln wie der Herrscher. In der archaischen Tradition waren derartige Anlagen erhabene, kiesbedeckte Flächen an oder bei einem Tempel, Schrein oder kaiserlichen Palast. Ein besonders deutliches Beispiel hierfür ist der Schrein von Ise Jingū, der lange mit der kaiserlichen Familie verknüpft war. Obgleich diese kiesbeckten Höfe oftmals nicht in Büchern über den Japanischen Garten erwähnt werden, sind sie dennoch die Abkömmlinge einer eigenen Tradition, die das Konzept der *teien* deutlich beeinflusst hat.

Am weltlich-profanen Ende des Kontinuums finden sich die Räume, die dem Vergnügen und der ästhetischen Erbauung gewidmet waren: Gärten der Wohnanwesen und Landsitze. Solche Gärten sind im Allgemeinen größer, weisen einen Teich auf und sind bepflanzt. Ihre komplexe Gestaltung wird durch eine Vielzahl optischer Reize wie Felsen, Laternen und Pavillons noch verbessert. Ein mustergültiges Beispiel hierfür ist der Garten des Naritasan Shinshoji in der Stadt Narita nahe Tokyo.

In der Mitte des Kontinuums kann man die Gärten anordnen, die das ästhetische Vergnügen mit philosophischer oder religiöser Tiefgründigkeit verknüpfen. Darunter fiele zum Beispiel der Palastgarten des Katsura Rikyū in Kyoto, der vielen als der Kulminationspunkt von Garten- und Palastarchitektur in Japan gilt. Etwas mehr zum geheiligten Pol hin wäre der mit weißem Kies und Felsen eher streng gestaltete Zen-Garten des Ryōanji in Kyoto anzuordnen. Mehr zur Seite des profanen Pols orientiert scheint der Tempelgarten des Saihōji, der besser als Kokodera – Moosgarten – bekannt ist. Er ist berühmt für seine sattgrünen Moose und mächtigen Bäume. Vielen gelten diese Gärten in der Mitte des Kontinuums als Japans exquisiteste Anlagen.

Oben: Der *Karesansui*-Bereich (Trockenlandschaft oder -garten) des Daisen-in, einem nebengeordneten Tempel des berühmten Zen-Klosters Daitoku-ji in Kyoto (siehe dazu Seiten 110/111). Dieser Gestaltungsstil war während der Muromachi- und Momoyama-Zeit sehr beliebt.

Gegenüber: Der Garten des Naritasan Shinshō-ji in Narita nahe Tokyo ist ein beredtes Beispiel für einen Wandelgarten aus der Edo-Zeit. Die Wandelgärten gehörten meist zu Wohnanwesen oder Palästen. Der Garten im Naritasan Shinshō-ji ist jedoch Teil eines buddhistischen Tempels.

Einflüsse vom Festland

Japans Gärten entwickelten sich keineswegs in völliger Isolation. Obwohl ihre Wurzeln in einer vorzeitlichen Tradition lagen, wurden sie durch verschiedene Schübe kultureller Kontakte mit dem Festland ab dem 3. vorchristlichen Jahrhundert bis hinein in das 6. und 7. Jahrhundert geformt, als die fortschrittliche Zivilisation der chinesischen Tang-Dynastie florierte. Im Jahre 607 kehrte Ono-no-Imoko von Japans erster diplomatischer Mission nach China mit detaillierten Beschreibungen chinesischer Gärten nach Japan zurück. Im Jahre 612 kam Michiko-no-Takumi aus Korea an, um der Kaiserin Suiko einen Garten zu errichten, der durch den mythischen Berg Sumeru aus den kanonischen Schriften des Buddhismus inspiriert war. Das festländische Gestaltungsmodell mit künstlichem See und Insel unterschied sich deutlich von den früheren, Japan eigenen, kiesbedeckten Höfen. Beides sollte jedoch eine tragende Rolle bei der Entwicklung der Japanischen Gartenkunst spielen.

Die Ordnungskriterien des vorliegenden Buches

Das eingangs erwähnte Kontinuum mit den diametralen Enden einer profanen bzw. geheiligten Sphäre könnte auch zur Ordnung der Gärten innerhalb dieses Buches dienen. Doch wäre dann eine unpraktische, weil subjektive Platzierung der in diesem Buch beschriebenen Gärten innerhalb des Kontinuums notwendig.

Traditionell unterscheidet man in Japan drei Typen von Gärten: Naturgärten (*shizen fūkeishiki*),

die eine natürliche Landschaft mit Hilfe von künstlichen Seen, Hügeln, Felsen und Bepflanzung nachahmen; Trockengärten (*karesansui*), die die natürliche Landschaft allein durch Felsen, Kiesel und Sand anklingen lassen; Teegärten (*chaniwa*), die aus landschaftlich gestalteten Wegen (*roji*) hin zu einem Teehaus bestehen. Dieses Ordnungsschema erscheint zu stark vereinfacht.

Daher werden die in diesem Buch beschriebenen Gärten anhand einer historischen Entwicklungslinie geordnet. Der Vorteil liegt darin, dass daraus ein Verständnis für die kulturellen Kräfte hinter der Entwicklung der Gärten erwachsen kann. Auch wird deutlich, wie die frühen Gärten sich zu den späteren Typen wandelten und in welchem Maße sie diese beeinflussten.

streng und einfach	**reich an visuellen Eindrücken und komplex**
← geheiligt	**weltlich-profan →**
geräumte, kiesbedeckte Flächen	**konturiert und bepflanzt**

Obgleich es Ausnahmen gibt, stehen jene Gärten, die religiöse Gefühle und philosophische Einsichten wecken, eher dem geheiligten Pol des Kontinuums nahe. Jene Gärten hingegen, die eine sinnliche Erfahrung bedeuten, finden sich näher beim weltlich-profanen Pol. Eine große Zahl der schönsten Gärten Japans ist in der Mitte anzuordnen.

Grundtypen von Felsarrangements

hoch aufragend und liegend

hoch aufragend, aufrecht und liegend

aufrecht und flach

hoch aufragend, liegend und flach (Beispiel für eine Trinität)

hoch aufragend, bogenförmig, aufrecht, flach und liegend

Oben rechts: Die Trockenlandschaft (*karesansui*) des Ginkaku-ji (Seiten 106–109), dessen lange Furchen geharkten Sandes wie Wellen im Mondschein wirken. Daher auch der Name Ginsadan – Meer des Silbernen Sandes. Der Sandhügel im Hintergrund heißt Kōgetsudai (Mondbetrachtungs-Dais).

Die Verwendung von drei verschieden großen Bausteinen, um ein dynamisches Gleichgewicht dieser ungeraden Zahl zu erzielen, ist nicht auf die Gartenkunst beschränkt. Es ist ebenso eine Grundidee in anderen Künsten wie der Blumensteckkunst. Hier versinnbildlicht das größte Element, zum Beispiel eine Blume, den Himmel; das kürzeste Element symbolisiert die Erde und das mittelgroße (horizontale) Element die Menschheit – als Brücke zwischen Himmel und Erde.

Weitere Gestaltungsüberlegungen

Ein Stein sollte wegen der Stabilität tief genug im Boden versenkt werden und den Eindruck erwecken, er stehe schon lange Zeit an seinem Platz. Anzahl und Größe der in einem Garten verwendeten Steine sind besonders für die daraus entstehende Gesamtwirkung von großer Bedeutung. In den Gärten der Kriegerfürsten standen zahlreiche Felsen größerer Dimension, um Macht und Autorität zu symbolisieren. Im Gegensatz dazu finden sich in den Zen-Gärten weniger Steine, um ein asketisch-strenges und kontemplatives Umfeld zu schaffen.

Auch Form und Farbe müssen beachtet werden. Die unruhige Oberfläche eines einzelnen Steins kann irritierend wirken. Wenn die Äderung sichtbar ist, sollte man Steine mit gleich verlaufender Äderung kombinieren. Das gilt auch für die Farben. Einem Stein mit stark kontrastierenden Farben mangelt es jedoch an Feinheit.

Gegen Ende der Edo-Zeit kam ein interessanter Gestaltungsgedanke auf – die anscheinend wahllos platzierten Solitärsteine oder Steingruppen als Element der Spontaneität. Diese Felsen nennt man *suteishi*: »verlorene Steine« oder »namenlose Steine«. Diese zufällige, »unkünstlerische« Verteilung von Steinen muss jedoch mit großem Geschick geplant werden.

Sand und Kies

Sand (*suna*) und Kies (*jari*) kennzeichnen seit grauer Vorzeit die geheiligten Räume (siehe auch Seiten 64/65). Viel später wurde der Granitsand in den Trockengärten (*karesansui*) beliebtes Gestaltungsmittel, weil man ihn zu Mustern harken kann, die das fließende Wasser symbolisieren. Indem sie Bewegung vorgaukeln, fordern die Sandmuster den Betrachter zur Teilnahme am Gestaltungsprozess und zum Sich-Versenken in ein Strukturelement des Gartens auf. Die Dynamik der Sandmuster ergänzt die statische Komponente der Felsen. Die Steine bilden das Gerippe des Gartens, der Sand ist hingegen Fleisch und Blut.

Gemeinsam versinnbildlichen die Felsen und Sandmuster verschiedene Gegensatzpaare sowohl der japanischen als auch der festländisch-chinesischen Kosmologie, wie den Gegensatz von Yin und Yang (jap.: *in* und *yo*) oder auch die Prinzipien des Universums und ihre ständige Manifestation in Form von unabänderlichen Naturprozessen.

Muster in Sand und Kies

Bei der Gestaltung von Sandmustern in den Trockengärten ist die Körnung wichtig. Wenn die Sandkörner zu fein sind, können Wind und Regen die Muster leicht zerstören. Sind sie zu grob, lassen sie sich schlecht rechen. Auch die Farbe ist zu beachten. Weißer Sand vermittelt den Eindruck von Reinheit, kann im Sonnenlicht jedoch blenden. Dunklere Farben wie grau, braun oder blauschwarz heißt es, gäben das Gefühl von Ruhe. Der beste weiße Sand kommt aus Shirakawa (Kyoto), wo man ihn schon seit Jahrhunderten für die Gartengestaltung verwendet. Im Raum Tokyo bekommt man den besten farbigen Sand.

Sand ist in erster Linie für Schaugärten geeignet, weniger für Höfe, in denen auch Aktivitäten stattfinden wie beispielsweise die Tempelhöfe oder die Höfe der Shinden-Paläste. In solchen Höfen werden grobkörniger Kies oder auch kleine Kieselsteine verwendet, die auch am Platz bleiben, wenn der Platz begangen wird. Manche nicht zum Betreten vorgesehenen Höfe, zum Beispiel jener in Ise Jingū, sind mit Flusskieseln und kleinen Steinen bedeckt, im Anklang an ein Flussufer.

Linienmuster

Pflastersteinmuster

Blüte (oder andere Pflanze)

Webmuster

Strudelmuster (im Vordergrund); hinten gerades Linienmuster mit »Brechnung« an den Felsen

Sandkegel

Wellen

Schachbrettmuster (der Unterschied zum Pflastersteinmuster ist die Größe der Felder)

Gebogene Linien

Mauern, Zäune und Wege

Oben: Detailaufnahme einer Lehmwand mit Keramikziegeln auf einem Fundament von Findlingen.

Unten: Bambuszaun im Tempel Kōetsu-ji, Kyoto.

Mauern und Zäune dienen als Einfassung des Gartens. Damit entsteht ein privater Raum und unerwünschte Eindringlinge werden ferngehalten. Zusätzlich bilden sie einen Rahmen, innerhalb dessen man den Garten als Kunstwerk losgelöst von der Umgebung bestaunen kann. Wege sollen die Besucher derart durch den Garten leiten, dass sich die Komposition wie vom Gestalter geplant offenbart.

Mauern und Zäune

Mauern und Zäune können neben ihrer Funktion als Rahmen des Gartens auch in Kombination mit Hecken und Bäumen dazu dienen, in der Ferne gelegene Aussichten einzurahmen und sie somit in den Garten einzugliedern (wie im Fall der geborgten Aussicht). Zäunen innerhalb des Gartens fällt einerseits die Rolle der Hintergrunddekoration zu, andererseits fordern sie den Besucher dazu auf, seinen Blick oder Weg in eine bestimmte Richtung zu lenken. Ob man einen Garten mit einer Mauer oder einem Zaun nach außen hin umfängt, hängt von den darin befindlichen Gebäude- und Gartentypen ab, aber auch vom gewünschten Gestaltungseffekt. Eine massive Mauer ist für eines der weitläufigen buddhistischen Klöster angemessen, für ein Wohnanwesen oder einen Garten im Sukiya-Stil empfiehlt sich eher ein Zaun aus Zweigen. Mauern und Zäune sollten natürlich geeignete Tore haben: ein Flechtwerkzaun eine kleine Pforte mit grasbewachsenen Pfosten, ein Garten mit eingedeckter Mauer hingegen einen wirkungsvolleren Durchgang.

Materialien und Bauweise

Mauern unterscheidet man im Allgemeinen aufgrund ihrer Bauweise. Tempel und Paläste sind von massiven, verputzten Mauern aus einem gestampften Gemisch von Lehm und Stroh (*shikkui*) umgeben. Der Verputz wird weiß oder pastellfarben angelegt. Manchmal sind Ziegel in den Lehm eingebettet. Die Lehmmauern haben ein stützendes Holzgerüst und ein Ziegeldach. Manchmal stehen sie auf einem Steinfundament. Die übliche Einfriedung für frühe Shinden-Gärten und Wohnanwesen der Nara- und Heian-Zeit waren feste »Mauern« aus Holz mit Holzdach. Da diese Holzwände Regen und Wind nur schlecht standhielten, gab man ihren Bau ab dem Ende der Heian-Zeit auf, nur Zäune aus Holzbrettern blieben in Gebrauch.

Material und Bauweise der Zäune sind sehr variationsreich. Neben Holzbrettern kommen auch gebündelte Zweige, Bambus, Reetgras, Rinde zum Einsatz. Biegsame Materialien wie gespleißter Bambus und Reetgras werden an einen massiveren Rahmen aus Pfosten und horizontalen Balken angebunden. Sie können auch einfach aneinander gebunden sein und von einem horizontalen Balken herabhängen. Rinde wird meistens verflochten und dann an einen Rahmen montiert. Unflexible Materialien wie Bambusstangen können weiter voneinander entfernt platziert und diagonal verbunden werden, sodass ein Rautenmuster entsteht. Zäune aus Zweigen, deren oberes Ende nicht einheitlich gekürzt ist, nennt man Nachtigallenzäune, um nur einige wenige Beispiele zu nennen.

Wege

Wege werden für gewöhnlich mit gestampfter Erde angelegt, darüber kommt entweder nichts weiter oder aber eine Schicht Sand oder feiner Kies mit Trittsteinen bildet den Abschluss. Unregelmäßig geformte, ebene Trittsteine lagen in den Teegärten, um den Gast der Zeremonie sauberen Fußes zum Teehaus zu geleiten. Später wurden die großen Trittsteine auch Gestaltungselement anderer Gartentypen. Am häufigsten sieht man Schiefer, Schist, Flint und Granit. In den meisten traditionellen Gärten sind die unbehauenen Trittsteine von unregelmäßiger Größe und in verschiedenen Mustern angelegt. Zwischen den Steinen bleiben immer einige Handbreit Abstand, sodass man den Zwischenraum gut rein halten kann. Auch sieht man behauene Steine eng zu geometrischen Mustern verlegt, sodass eine Art Pflasterung entsteht. Den meisten Wegen kommt zwar eine praktische Aufgabe zu, aber Material und Gestaltungsstil haben eine rein ästhetische Funktion, indem sie zu der vom Gestalter geplanten Stimmung beitragen.

Bewegliche Zaunfelder

Zaunflügel oder bewegliche Zaunfelder sind dekorierte Zaunabschnitte, die weniger breit als hoch sind. Sie schließen meistens direkt an die Gebäude an, um den Blick von der Terrasse aus auf den Garten zu lenken oder manche Gartenelemente zu verhüllen. Im Allgemeinen sind sie aus Reisern (shiba) oder gespleißtem Bambus gefertigt. Auf ihre kunstvolle Gestaltung wird besonderer Wert gelegt. Die Zeichnungen unten basieren zum größten Teil auf den Illustrationen des englischen Architekten Josiah Condor, der während der Meiji-Zeit in Japan lebte.

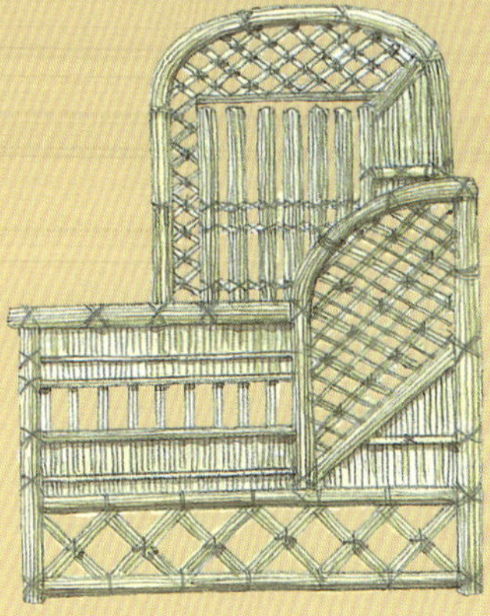

Flügel vom Typ »doppelter Wandschirm«

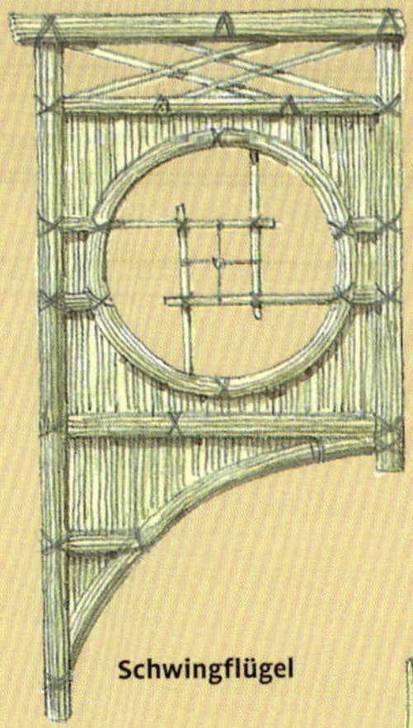

Schwingflügel

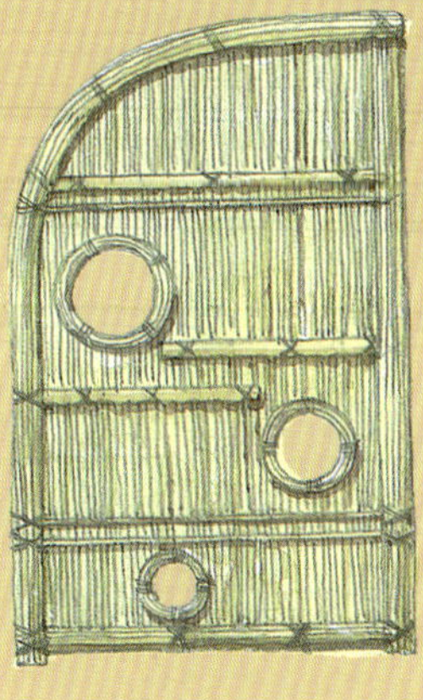

Flügel vom Typ geneigter Pflaumenbaum

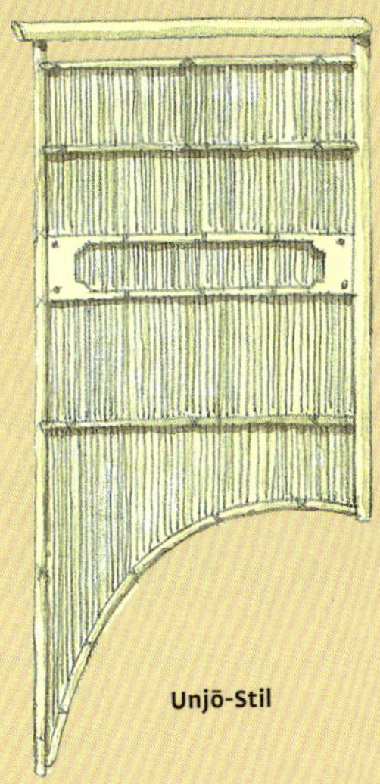

Unjō-Stil

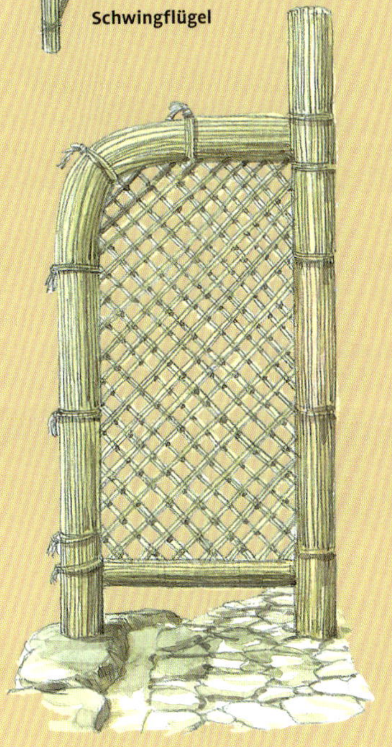

Niedriger Flügel in koreanischem Stil

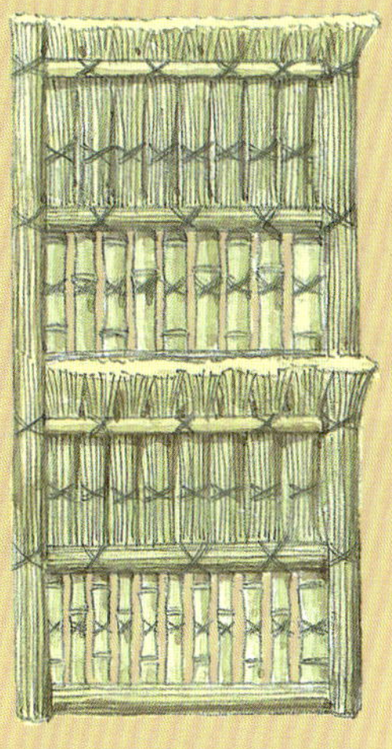

Typ »Zweireihiges Fackelmuster«

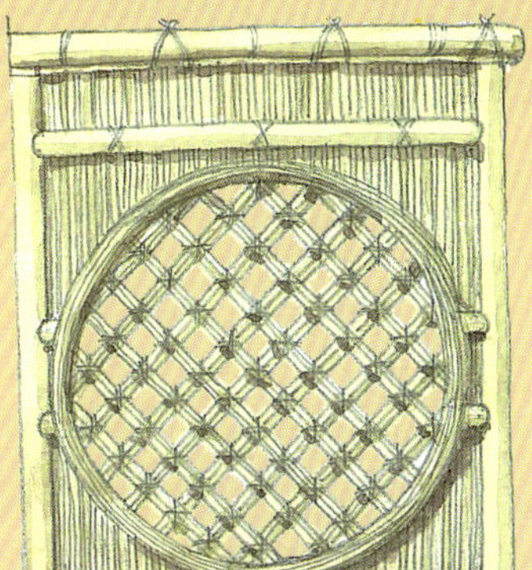

Zaunfeld mit rundem Flechtwerkfenster

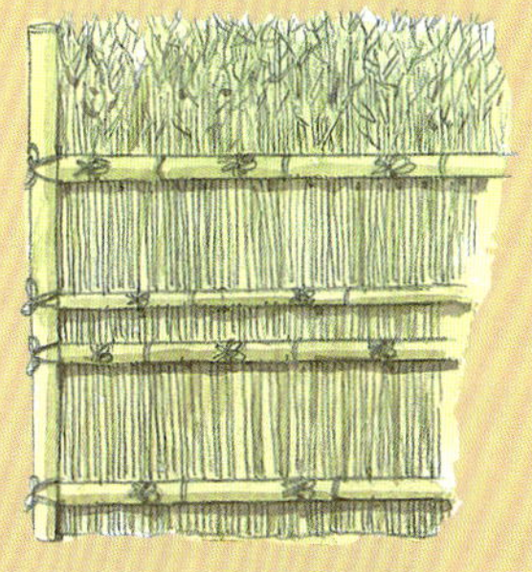

Typ »Nachtigall«

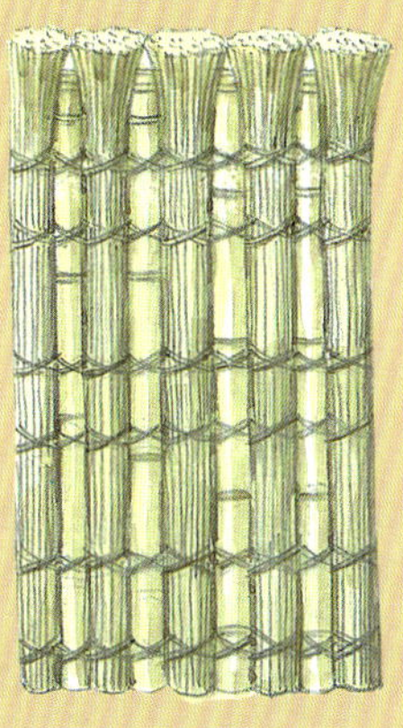

Typ »Teebesen« (pinselförmiger Quirl aus Bambus bei der Tee-Zeremonie)

Gegenüber: Mit großem Abstand verlegte, natürlich belassene Trittsteine in einem Kiesbett (*sō*, formloser Stil). Die Wegkreuzung wird durch einen besonders großen Trittstein gekennzeichnet.

Im Uhrzeigersinn von oben links: Pfad mit Kiesoberfläche.

Geometrisch geschnittene Steine mit einer Einfassung aus natürlichen Kieseln und rechteckigen Kantensteinen (*shin*, formaler Stil).

Eng verlegte Flusskiesel, die aufgrund ihrer regelmäßigen Wirkung der fast identischen Steingrößen und -formen als »formaler Stil« (*shin*) klassifiziert werden.

Eng verlegte, ungleichmäßig geformte Natursteine mit einer Einfassung aus rechteckigen Kantensteinen (*gyō*, halbformaler Stil).

Natürliche Trittsteine in formlosem Stil (*sō*).

Teiche, Wasserfälle und Brücken

Oben: Ausschnitt mit der Darstellung eines Teichzuflusses, aus dem Handbuch *Tsukiyama Teizōden* (dt.: Von der Errichtung von Bergen und der Anlage von Gärten).

Gegenüber: Blick vom Westufer des künstlichen Sees in Richtung des Rinuntei-Pavillons, Shūgakuin (Seiten 132–137), am Fuß der nordöstlichen Bergkette von Kyoto.

Die Meere und Flüsse sind seit jeher für Japan eine bedeutsame Quelle der Lebenskraft gewesen. Daher ist kaum verwunderlich, dass das Wasser eine tragende Rolle in den shintoistischen Reinigungszeremonien gespielt hat. Diese Japan eigene Konzentration auf das Element Wasser wurde noch verstärkt, als im 6. Jahrhundert die chinesischen Einflüsse eine Gartengestaltung mit Teichen, Flüssen und Wasserfällen verbreiteten. Brücken spielen dabei als Zugang zu Inseln im Teich oder als Verbindungselement zwischen Ufern eine Rolle.

Teiche und Wasserläufe

Teiche wurden in einer Vielzahl von Formen gestaltet, oftmals in der Form von chinesischen Schriftzeichen wie Wasser, Herz oder Drache. Grundlegendes Gestaltungskonzept war dabei die Vermeidung geometrischer Formen, die nur bei kleinsten Hausgärten verwendet wurden.

Im Landschaftsgarten sollte der Teich natürlich aussehen, mit unregelmäßiger Uferlinie und auch Ausläufern, teils durch kleine Schluchten abgegrenzt. Felsen und glatt polierte Steine nutzte man dazu, raue Küste oder Kieselstrand darzustellen.

Wenn möglich wurde der Teich aus natürlichen Wasserläufen oder Quellen, manchmal auch mit herbeigeleitetem Wasser gespeist. Die Wasserläufe können auch in Gärten ohne Teich gestaltet werden – als Sinnbild gurgelnder Bergbäche oder gemächlich dahinfließender Ströme. Erstgenannte zeigen sich felsig und mit engen Windungen, letztgenannte sind eher breit angelegt, gerade und das Ufer säumen Gräser und Wildblumen.

Wasserfälle

Wasserfälle werden am Zulauf eines Teiches gestaltet, heben eine Szenerie hervor oder dienen als Blickpunkt. Wenn keine natürliche Kaskade vorhanden ist, kann ein Wasserfall über eine Klippe künstlich gestaltet werden, indem man an einer senkrecht abfallenden Hügelflanke Steine platziert. Das obere Ende wird dabei in der Vegetation verborgen, um eine unendliche Höhe zu suggerieren.

Bei Wasserfällen gibt es zahlreiche Gestaltungstypen. Bei einigen fällt das Wasser direkt über eine Kante in ein Becken, bei anderen läuft es über mehrere Stufen abwärts. Das Gartenhandbuch *Sakuteiki* führt neun Typen von Wasserfällen auf – darauf basiert noch die heutige Kategorisierung: links-rechts-versetzter Kaskadenwasserfall (zwei Kaskaden), der einseitige Wasserfall (nur an einer Felsseite), hervorschießender Wasserfall, Faltenwasserfall (in einer Reihe), der Stufenwasserfall, der breite Wasserfall (breiter als hoch), der Himmelswasserfall (aus großer Höhe), der Fadenwasserfall (bindfadengleich) und der Stoffbahnenwasserfall (wie ein dünner Schleier).

Oben: Trittsteine vom Typ Garyūkyō im Drachenteich des Heian-Schreins. Es handelt sich um Steine, die aus den Stützen der Sanjō- und Gojō-Brücke in Kyoto (Seite 79) gearbeitet wurden. Die innerhalb des Gartens miteinander verbundenen Teiche werden reich geschmückt von Blumen, Bäumen und Wasserpflanzen.

Rechts: Der 7 m hohe Midoritaki-Wasserfall am nördlichen Ende des Hisago-Teichs im Garten Kenrokuen wurde im Jahre 1774 vom 11. Maeda-Fürsten namens Harunaka gebaut. Er hielt zur Feier der Fertigstellung eine große Tee-Zeremonie ab. Zu jener Zeit hatten die Wasserfälle, anders als in den früheren Gärten wie dem des Tenryū-ji, ihre religiös-symbolische Bedeutung wohl schon verloren. (siehe auch Seiten 148–153).

a

b

c

d

e

f

g

h

i

Brücken

Wie bei Mauern und Zäunen, gibt es auch bei den Brücken eine Unzahl an Variationsmöglichkeiten hinsichtlich Form, Material und Konstruktion. Als Standardtypen begegnen uns folgende Varianten:
Form: bogenförmig (*soribashi*) oder eben (*hirabashi*)
Ausrichtung: gerade, versetzt oder Zickzack
Material: Stein oder Holzplanken, bedeckt mit pflanzlichen Materialien wie Rinde oder Grassoden
Konstruktion: frei tragend (teils mit Mittelstütze, teils ohne), mehrfach gestützte Konstruktion aus Steinplatten oder Holzbohlen, direkt im Teich- oder Bachgrund versenkte Trittsteine
Aussehen: elegant oder rustikal.
Bogenförmige Brücken (*soribashi*) werden entweder rot gestrichen oder bleiben unbehandelt. Eine mit Zedernrinde und Erde bedeckte, von Moos oder Gras bewachsene Plankenbrücke nennt man *dobashi*. Für Steinbrücken (*ishibashi*) finden natürliche oder zugeschnittene Steine Verwendung. Sie überspannen oft die Gartenflüsse. Gedeckte Brücken mit Bänken, so genannte *rōkyō* oder *kurehashi*, sieht man in den Gärten heute nur noch selten. Rustikale Planken oder Trittsteine empfehlen sich vor allem für Teegärten und Gärten im Sukiya-Stil, schmuckvoll dekorierte Holz- oder Steinbrücken hingegen schaffen eine formalere Atmosphäre.

a rustikale Bogenbrücke aus Planken, die mit Grassoden bedeckt sind
b fein gestaltete, bogenförmige Steinbrücke
c flache, ungestütze Steinbrücke aus einer einzigen Steinplatte
d flache Steinbrücke aus zwei Steinplatten mit Mittelstütze
e bogenförmige Steinbrücke aus einer einzigen Steinplatte ohne Mittelstütze
f flache Holzbrücke
g flache Holzbrücke mit versetzten Planken, deren Stützen im Bach- oder Teichbett versenkt sind
h flache, im Zickzack verlaufende Holzbrücke
i direkt in den Teich- oder Bachgrund versenkte Trittsteine

Schmuckelemente

Eine getrimmte Kiefer bildet den Hintergrund für eine große Steinlaterne im Garten Kenrokuen, Kanazawa (siehe Seiten 148–153). Die Zweige alter Bäume werden mit Stützen gegen die Last des Schnees gesichert und Stroh dient vor allem in kälteren Zonen zum Schutz neu angelegter Bepflanzungen.

Im Gegensatz zu den strukturellen Bausteinen wie Felsen, Bäumen oder Teichen, zeigen die dekorativen Gegenstände das künstlerische Einwirken des Menschen auf eine natürliche Szenerie. Manche dieser Objekte haben jedoch auch praktischen Nutzen. Die Laternen beleuchten die Gartenwege, die Wasserbecken dienen der Reinigung vor der Teezeremonie. Buddhistische Figuren oder steinerne Miniaturpagoden umgibt ein religiöser Hauch, doch innerhalb eines Gartens werden sie oft nur zur Dekoration eingesetzt.

Laternen

Es heißt, der große Tee-Meister der Momoyama-Zeit Sen-no-Rikyū wäre von den bronzenen Votivlampen eines Friedhofes am Rande der Stadt Kyoto so beeindruckt gewesen, dass er sich entschloss, die abendlichen Tee-Zeremonien mit Laternen zu beleuchten. Obwohl die frühen Gartenlaternen aus Bronze hergestellt waren, kamen mit der Zeit auch Stein und Holz dafür in Gebrauch. Man platzierte sie am Eingang, entlang der Wege, an Teich- und Bachufern, bei einer Brücke oder einem Wasserbecken, am Warte-Pavillon oder Eingang des Teehauses. Es galt aber als wenig geschmackvoll, überall Laternen aufzustellen. Im Zusammenhang mit der Tee-Zeremonie fällt der Andeutung, dem Understatement eine Schlüsselrolle zu. Andere Gestaltungsprinzipien sind beispielsweise das Pflanzen eines Baumes neben der Laterne, sodass ein Zweig darüber hängt, oder die Kombination von einer Laterne mit zwei bis drei niedrigeren Steinen.

Es gibt zwei Grundtypen von Steinlaternen. Ein Typus wird aus Natursteinen gemacht, die gerade so viel behauen werden, dass sie aufgetürmt und mit einer Brennkammer versehen werden können. Der andere Typus wird aus geschnittenem Stein wie Granit gearbeitet. Erstgenannte Laternen werden zur rustikalen Stimmung verwendet, zum Beispiel an einem *rōji* (Teepfad). Die anderen sind eher für einen konventionellen Garten geeignet. Möchte man die Laternen genauer klassifizieren, so bietet sich eine Unterscheidung in vier Gruppen an: Laternen mit Sockel (*tachigata*); Laternen ohne Sockel, deren Schaft direkt im Boden versenkt wird (*ikekomi-gata*); Schneelaternen ohne Schaft, dafür mit mehreren Beinen und einem großen, flachen Dach – um viel Schnee zu sammeln (*yukimigata*); und Miniaturlaternen ohne Schaft – sie dienen der Beleuchtung ohne Aufmerksamkeit zu erregen (*okigata*).

Bei jedem Typus gibt es eine Vielzahl von Variationen, da die Gestalter oftmals viel Spielraum zur Verfügung hatten. Manche Zierformen sind nach dem Heiligtum benannt, wo sie erstmals gestaltet wurden, andere tragen die Namen von Tee-Meistern, die sie entworfen hatten. Im Laufe der Zeit wurden immer neue Formen entwickelt, manche sind Unikate eines einzigen Gartens.

Pagoden

Aus dem indischen Stupa entstanden, dienen die Pagoden dem Gedenken an den Tod des historischen Buddha Shakyamuni. In den buddhistischen Tempelanlagen sind es meistens hohe, hölzerne Gebäude mit einer ungeraden Geschossanzahl. Gartenpagoden hingegen sind kleine Steinkonstruktionen, die nur eine rein dekorative Funktion erfüllen. Sie stehen oft an Teichufern und Bachläufen, sodass sie sich im Wasser spiegeln, oder als Blickfänger auf den künstlichen Bergen.

Statuen

Wie Votivlampen und Pagoden hatten auch die buddhistischen Figuren eine religiöse Bedeutung und Funktion. In einem weltlichen Garten mögen

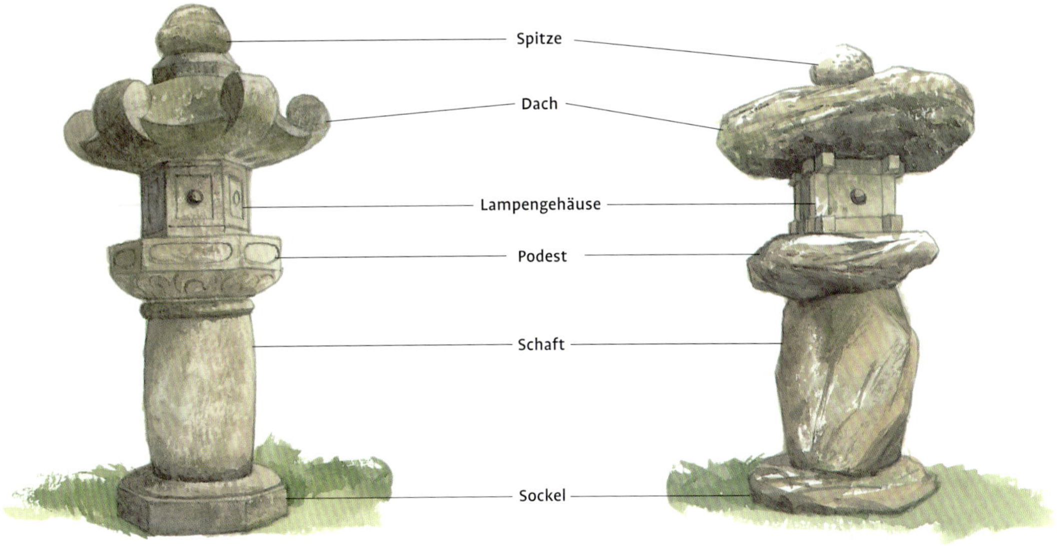

Vergleich zwischen einer Steinlaterne aus behauenen Steinen (links) und einer bis auf die Brennkammer aus Natursteinen gefertigten Laterne (rechts). Die Brennkammer für eine Kerze oder eine Öllampe wird traditionell ebenfalls aus Stein geschnitten. Bei der gezeigten Natursteinlaterne aus dem Sanzen-in-Tempel wurde das Lampengehäuse jedoch aus Holz gearbeitet.

sie zwar ihren geheiligten Charakter behalten, aber ihre Funktion ist dekorativer Natur. Überwiegen in den Tempelgärten oftmals Bronzestatuen, so dominieren Steinfiguren in weltlichen Gärten.

Wasserbecken

Die Wasserkannen, die die Gäste einer Teezeremonie zum Reinigen ihrer Hände verwendeten, wandelten sich zu Wasserbecken (*tsukubai*). Neben den normalerweise aus Stein gestalteten Becken finden sich auch bronzene. Das Wasser fließt durch ein Bambusrohr (*kakei*) hinein. Obwohl die Becken in der Hauptsache ein Element des Teegartens sind, gibt es sie auch in anderen Gartentypen. Dort bilden sie ein raffiniertes visuelles Element, weil sich die Umgebung darin spiegelt. Der Unterschied zwischen einem Wasserbecken für einen Teegarten und einem anderen liegt in der Konstruktion. *Tsukubai* bedeutet »geducktes Becken« – es ist ganz niedrig auf einem teilweise im Erdreich versenkten Stein platziert, nicht auf einem Podest wie die Becken in anderen Gartentypen.

Shishi Odoshi – die »Wildscheuche«

Shishi Odoshi bezeichnet ein langes Bambusrohr, das wie eine Wippe auf einer Mittelstütze aufliegt. Das geschlossene Ende des Rohres liegt auf einem Stein, das offene zeigt in die Luft. Aus einem Rohr läuft solange Wasser in das offene Ende, bis das Rohr durch das Gewicht des Wassers kippt und der Inhalt entweder auf ein Kiesbett, in einen Bach oder Teich abfließt. Dann fällt das Rohr mit einem laut hörbaren »Bang« auf den Stein zurück. Bewegung und Klang dieser Konstruktion machten sich ursprünglich die Bauern im Kampf gegen Hochwild und Wildschweine zunutze.

Unten: Einige Beispiele für die verschiedenen Arten von Steinlaternen:

- a *nigatsudō*, mit Sockel
- b runder Typus mit Sockel (rustikal)
- c runder Typus auf hohem Schaft ohne Sockel
- d Laterne im Stil eines Meilensteins ohne Sockel
- e *oribe*-Stil ohne Sockel (rustikal)
- f dreibeinige Schneelaterne
- g vierbeinige Schneelaterne
- h–j Miniaturlaternen in drei verschiedenen Stilen

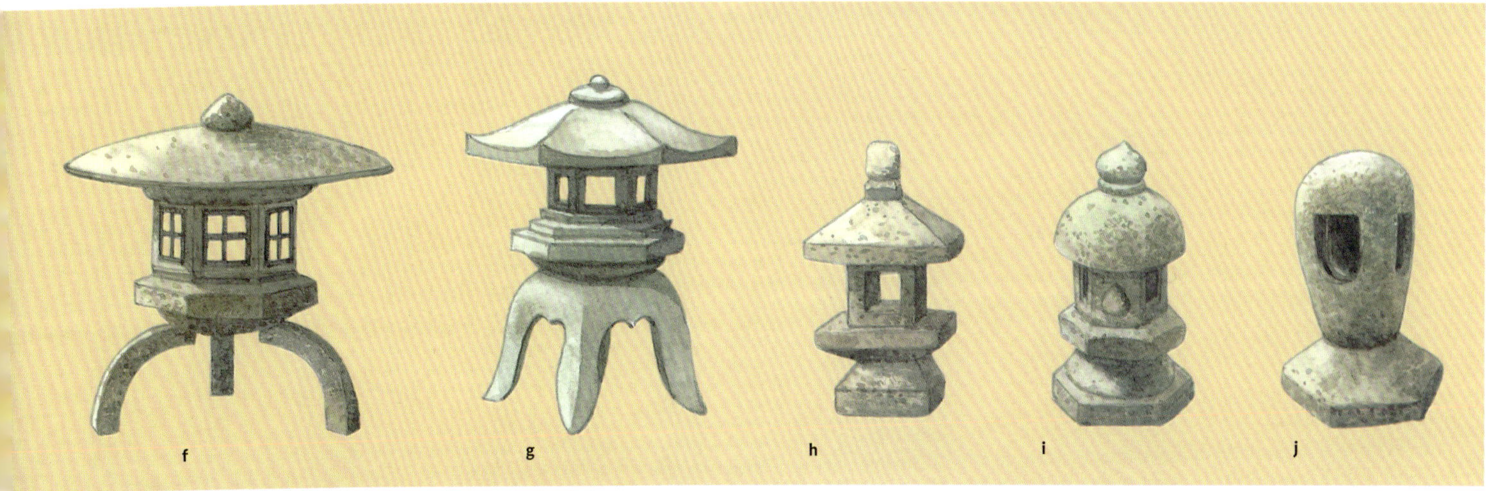

Links: Wasserbecken mit einer Schöpfkelle auf einer Bambusablage.

Von oben nach unten:
Dekoratives Wasserbecken von ungewöhnlicher Form.

Geducktes Wasserbecken eines Teegartens (bodennahe Konstruktion).

Mühlstein als Wasserbecken.

Von oben nach unten:
Bambus spiegelt sich in einem Wasserbecken aus geschnittenem Stein.

Wasserbecken aus Naturstein mit Wasserleitung aus Bambus.

Steinernes Wasserbecken umgeben von verschieden hohen Grünpflanzen.

Inseln, Hügel und Pavillons

Gegenüber: Blick vom Hiraihō-Hügel auf den Südlichen Teich, das Teehaus Kikugetsutei und die Engetsukyō-Brücke im Garten Ritsurin Kōen, Takamatsu (siehe auch Seiten 142–147).

Unten: Eine Miniaturausgabe des Fujiyama beherrscht die künstlichen Berge innerhalb des Gartens Suizenji Jōjuen in Kumamoto (siehe Seiten 138–141).

Ganz unten: Der Sumpfgarten des Tempels Ishiyamadera. Der kleine Teich ist umgeben von feuchtigkeitsliebenden Pflanzen wie Iris.

Denkt man an Japanische Gärten, kommen unweigerlich die Bilder von Bergen und dahinfließenden Wasserläufen ins Gedächtnis. In den japanischen Gärten finden sich jedoch mehrheitlich statische, Ruhe ausstrahlende Elemente. Inseln und sanfte Hügel bilden einen Kontrast und zugleich ein Gleichgewicht, wie auch Yin und Yang einander ergänzen. Zahlreiche Bauten wie Pavillon oder Teehaus haben ihre ganz eigenen Funktionen, sei es als Rastplatz, Erholungs- oder Aussichtspunkt.

Inseln

Inseln können nach einem ausgeklügelten System unterschieden werden, sei es aufgrund ihrer Form oder ihrer besonderen Eigenschaften wie beispielsweise die »Berginsel«, die »Bewaldete Insel«, »Insel bei Ebbe« oder auch die »Wolkeninsel«. Sie helfen einerseits, den Charakter einer Landschaft festzulegen und andererseits sind sie ein technisches Element bei der Gestaltung »verhüllter Aussichten«. Ein Teich mit Insel ist nicht auf einmal vollständig zu überblicken.

Inseln haben auch oft eine symbolische Bedeutung oder eine sakrale Funktion. Sie können für den Daoismus die Inseln des Glücks verkörpern (Hōrai, die Wohnstätte der Unsterblichen im Ostmeer, oder auch die in den Wandelgärten so häufig auftauchende Kranich- und Schildkröteninsel). Oder sie stehen für den gischtumtosten Weltenberg Sumeru (Shumisan) – das Zentrum der Welt für den Buddhismus, manchmal auch für Nakajima – die Mittlere Insel – und damit das Westliche Paradies des Reinen Landes im Amida-Buddhismus. Diese geheiligten Inseln liegen in einem Teich, der das Meer symbolisiert, daher sind sie normalerweise nicht über Brücken zu erreichen, sondern nur per Boot.

Im Gegensatz zu den Teichen und Inseln mit Symbolcharakter gab es auch Teiche und Inseln zum Vergnügen, so in den Gärten der Adelspaläste (Shinden) der Nara- oder Heian-Zeit. In diesen Teichen lagen für gewöhnlich zwei oder mehr miteinander verbundene Inseln, deren Zugang vom Garten aus über Brücken möglich war.

Die Größe der Inseln ist höchst unterschiedlich und hängt von ihrer Rolle innerhalb der Gesamtplanung und der Teichgröße ab. Manche Inseln sind so groß, dass sie einem Hügel Platz bieten, andere bestehen jedoch nur aus einem oder zwei Felsen.

Hügel und Ebenen

Japanische Gärten sind berühmt für die Darstellung zerklüfteter Berge mit gurgelnden Schluchten und Wasserfällen. Manchmal wird jedoch das Profil einer sanfteren Landschaft mit Hügeln und Tälern gestaltet. Die Hügel sind entweder grasbedeckt oder mit Kiefern bepflanzt. Häufig werden die Hügel auf einer Insel angelegt, um einen Kontrast zur flachen, umgebenden Teichfläche zu schaffen, oder um die Sicht auf den gesamten Teich zu verstellen. Hügel bieten sich auch als erhöhter Aussichtspunkt an, um den Garten zu betrachten, oder als Standort für einen Pavillon. Manchmal, zumeist in Trockengärten (karesansui), findet man auch eine besonders raffinierte Komposition aus geschnittenen Büschen, die in abstrakten Formen das Profil einer Hügellandschaft täuschend nachahmt.

Die Ebenen sind entweder als freie Flächen, Felder oder Feuchtwiesen gestaltet, dabei wird die Schönheit der Gräser und Wasserpflanzen hervorgehoben. Die Gestaltung von Ebenen ist besonders in den weiträumigen Wandelgärten wie Shūgakuin (nahe Kyoto) polpulär.

Teich mit einer Insel im Messepark der Stadt Osaka. Der künstliche Hügel im Hintergrund ergänzt die sanfte Kontur und die Grasfläche der Insel in gelungener Weise.

Pavillons und andere Gebäude

Als Gartengebäude finden sich Pavillons, Teehäuser, versteckte Hütten oder kleine Zierbauten wie Wasserräder. Auf Pavillons stößt man vor allem in *rōji* (Teegärten) und großflächigen Wandelgärten. Im Teegarten dienen sie als Sitzplatz der wartenden Gäste, bevor der Teemeister zur Zeremonie ruft. In den Wandelgärten dienen sie zur Rast. Letztere bieten oftmals eine schöne Aussicht auf die umgebende Szenerie.

Teehäuser und die damit verbundenen Hütten liegen in der Hauptsache innerhalb eines *roji* oder eines großen Wandelgartens. In den Teehäusern, egal ob klein und spartanisch oder groß und bequem, findet die ritualisierte Teezeremonie statt. Die damit verbundenen Hütten dienten einstmals ebenfalls der Verwendung durch Gäste, heute sind sie jedoch ein rein dekoratives Element.

Zierformen wie Wasserräder, von Glyzinen überwachsene Laubengänge oder Brunnen finden sich in fast jedem Gartentypus. Sie dienen als Blickfänger im Kontrast zu der sonst eher natürlichen Umgebung. Die Staffelung der Zierbauten verleiht dem Garten zudem räumliche Tiefe.

Rahmen und Übergänge

Wenn ein Garten direkt an das Hauptgebäude anschließt, sollte man auch die Terrassen, Veranden und die Ausblicke vom Haus auf den Garten bei der Gestaltung bedenken. Die Veranda oder Terrasse bildet den Übergang zwischen Haus und Garten und leitet das Auge wie den Körper ohne abrupten Bruch von drinnen nach draußen. In den Meditationsgärten dient die Veranda als Sitzplatz, von wo aus man den Garten betrachtet. Sie ergänzt die auf den drei anderen Seiten aus einer Mauer bestehende Rahmung des Gartens. Fenster und durch Schiebetüren entstehende Öffnungen bilden ebenfalls Rahmen, durch die man den Garten betrachten kann. Die Form dieses Rahmens mag die Szenerie ergänzen und den Eindruck verstärken, auf ein Kunstwerk zu blicken.

Pavillons

Pavillons dienen der Rast, dem Genuss eines Ausblicks oder als Wartebank vor der Teezeremonie. Auf einem Hügel, einer Insel oder am Ende eines Teiches gelegen, treten sie uns in vielfältigen Formen entgegen: Von der einfachsten Form wie einem Schirm auf einer Mittelstütze bis hin zu komplexen Bautypen.

Schirmpilz

Sommerhütte

sechseckiger Pavillon

vierseitig geschlossener Pavillon

machiai (einseitig offene Hütte zum Warten auf die Teezeremonie)

mit Matten ausgelegter Pavillon

Flora und Fauna

Oben: Eine durch Bepflanzung gestaltete, aufragende Dreieckskomposition mit Kiefer als Spitze. Ausschnitt aus dem im Jahre 1735 erschienenen Gartenhandbuch *Tsukiyama Teizōden* (dt.: Von der Errichtung von Bergen und der Anlage von Gärten).

Gegenüber oben: Bäume, geschnittene Sträucher und ein gemähter Rasen schaffen interessante Farb- und Formkontraste; Garten des Adachi-Museum in der Präfektur Shimane (siehe Seiten 165–167).

Gegenüber unten: Eine Vielzahl der in Japan heimischen Bambusarten ist nicht für den Garten geeignet, da sie zu hoch wachsen. Die drei hier gezeigten Arten werden bevorzugt, weil sie relativ kleinwüchsig sind und interessante Stämme haben. Von links nach rechts:

Phyllostachys aurea, Goldrohrbambus (Hoteichiku)

Phyllostachys bambusoides »Castilloni« (Kinmeichiku)

Phyllostachys nigra, Schwarzrohrbambus (Kurochiku)

Die ersten Gärten in Japan waren kiesbedeckte Flecken, die einen geheiligten Ort anzeigten. In der Heian-Zeit brachte eine Woge neuer Traditionen aus China die Gartengestaltung mit Teichen und Steinen nach Japan. Bäume, Sträucher und Blumen wurden ebenso eingeführt, doch galten sie aufgrund ihrer Vergänglichkeit als dekorative Elemente. Im Laufe der Entwicklung wurden jedoch auch Bäume und Sträucher zu strukturellen Elementen.

Bepflanzung

Von der Heian- bis zur Edo-Zeit fanden Pflanzen in vielfältiger, unterschiedlicher Weise Verwendung. In Gärten mit Feuchtlandschaft setzte man Bäume und Gräser ein, um die Uferlinie, sanfte Hügel oder Wiesen zu gestalten, in Trockengärten wurde die Bepflanzung möglichst gering gehalten, um den aus Steinen und Kies gestalteten Hügeln und Flüssen nichts von ihrer Wirkung zu nehmen. Die beliebtesten Pflanzen waren stets die heimischen.

Unter den zur Verfügung stehenden Pflanzenarten genießen Bäume den Vorzug. Ein Baum bildet meistens den Kern der Komposition und andere Pflanzen setzen dazu Akzente. Insbesondere vier Gruppen werden bevorzugt: großblättrige, immergrüne Arten, laubabwerfende Arten, Nadelgehölze und Bambus. Häufig sind Kamelien, Azaleen, Fatsien (*yatsude*), Pasania und Eichen, Prunusarten (Pflaume und Kirsche), Ahorn, Weide, Ginkgo und Zelkove. Als Nadelbäume findet man Kiefern, Hinoki-Scheinzypressen, die japanischen Zedern oder Sicheltannen (*sugi*) und Fichtenartige. In Japan gibt es etwa fünfzehn verschiedene Bambusarten, einschließlich des Zwergbambus. Kiefern genießen eine Vorrangstellung, weil sie leicht zu interessanten Formen zu trimmen sind. Bambus wird nur vorsichtig eingesetzt, weil er sich schnell ausbreitet und den ganzen Garten überwuchern kann.

Ebenso wie die Felsen werden auch die Bäume zu dreieckigen oder pyramidenförmigen Arrangements zusammengestellt. Um farbliche und formale Kontraste zu schaffen, kombiniert man verschiedene Arten. Eine gewundene Kiefer steht zum Beispiel neben einer Trauerweide. Man pflanzt die Bäume zudem in einem Umfeld, das ihrem natürlichen Standort möglichst entspricht. Also stehen die Arten, die normalerweise an Berghängen vorkommen, nicht in den flachen Gartenzonen.

Exakt geschnittene Sträucher, in Kombination mit Kies, kamen in den Trockengärten der Momoyama-Zeit in Mode. Wacholder und Azaleen werden normalerweise zu runden Formen dressiert und gruppenweise zusammengestellt, um Hügel zu versinnbildlichen. Seltener werden sie zu abstrakten Formen oder Figuren geschnitten. Wird der Schnitt nicht fachmännisch ausgeführt, sieht das Ergebnis höchst unnatürlich aus. Bäume und Sträucher werden an Laternen, Becken oder Brunnen gepflanzt, auch so, dass sie teilweise darüber hängen. Das dient sowohl dazu einen Kontrast zu schaffen als auch der optischen Einbindung des von Menschenhand gestalteten Gegenstandes.

In Japans feucht-mildem Klima gedeihen Moose besonders gut. So finden sich alleine in der Gartenanlage des Saihō-ji (Moos-Tempel) über einhundert Arten. Gräser werden seit der frühen Edo-Zeit als Rasenfläche eingesetzt, verstärkt jedoch seit der Meiji-Zeit unter dem Einfluss westlicher Kulturelemente. Blumen stehen in erster Linie in den flachen Talgärten, vor allem an Ufern.

Funktion der Vegetation

Bäume und Sträucher sind grundlegende, strukturelle Elemente der Gartengestaltung, doch darüber hinaus haben sie im Gegensatz zu anderen Pflanzen noch weitere Funktionen. Sie spenden Schatten, unterbrechen lange Blickachsen, verhüllen unerwünschte Ansichten, rahmen für die »geborgten Aussichten« oder markieren die Grenzen eines bestimmten, betonten Gartenbereiches. Die Vegetation schafft auch einen Übergang zwischen den verschiedenen Szenerien eines Wandelgartens und somit ist sie ein einendes Element. Nicht blühende Bäume und Sträucher sind auch als einheitlicher Hintergrund für besondere Kompositionen wie Steinarrangements geeignet. Die Rolle der Vegetation ist von besonderer Wichtigkeit bei der Gestaltung der Perspektive. So kann man beispielsweise den Eindruck räumlicher Tiefe durch helle Farben oder großblättrige Pflanzen im Vordergrund und kleinblättrige Arten in dunklen Farbtönen im Hintergrund vermitteln. Auch der Eindruck der Vertikalen kann derart manipuliert werden. Ein Hügel erscheint höher, wenn am Fuß hohe Bäume gesetzt werden und auf der Kuppe kleinere.

Symbolcharakter und Farbe

Manche Arten haben eine symbolische Bedeutung. Der Lotos, der oft in den Paradies-Gärten zu finden ist, wächst aus schlammigem Grund zur Teichoberfläche und bringt eine makellos weiße Blüte hervor; er steht für die Hoffnung, dass die Menschen die Unreinheit des Lebens überwinden können, um Erleuchtung zu finden. Darum werden Buddhafiguren auf einem Thron aus Lotosblüten dargestellt.

Ein anderes Beispiel ist die Kiefer als Symbol der Ausdauer und Kraft. Auch ihre Form und Farbe trägt eine Bedeutung in sich. Eine verwundene Kiefer symbolisiert eine Küste mit rauen Winden, eine gedrungene Kiefer dagegen hohe Berge. Ungeachtet der Baumform hauchen die immergrünen Nadeln einem Garten selbst im tiefsten Winter Leben ein. Somit wird die Kiefer zum Symbol des Widerstandes gegen widrige Lebensumstände.

Fauna
Die Fauna eines Japanischen Gartens spielt eine wichtige Rolle. Die Fische fressen Algen und andere Wasserpflanzen, die einen Teich schnell überwuchern können. In den japanischen Gartenteichen findet sich am häufigsten der *Koi*, ein Karpfenartiger. *Koi*, die mit ihrem gold- oder orangefarbenen Äußeren höchst dekorative Farbtupfer sind, benötigen im Teich Verstecke vor Greifvögeln oder anderen Fressfeinden. Weitere Bewohner der Gartenteiche sind Schildkröten und Wasserschlangen, dazu eine Vielzahl an Insekten und Amphibien wie Frösche und Salamander. Auch sie helfen, die Teichanlagen im Gleichgewicht zu halten. Teiche und die umgebende Bepflanzung bieten zudem den Vögeln, insbesondere Wasservögeln ein Zuhause, die den sonst so streng organisierten Gärten einen Hauch von Spontaneität verleihen. Schließlich gibt es auch einige Parks und Gärten mit besonderen Bewohnern: In Nara verbeugen sich zum Amüsement der Besucher die Huftiere des Parks um Futter zu erbetteln.

Links: In der Anlage des Kenrokuen in Kanazawa (Seiten 148–153) findet sich eine reiche Pflanzenvielfalt. Der Garten ist im Frühjahr besonders berühmt für die Kirschblüte, im Sommer für den Bestand an Iris und Azaleen und im Herbst für seine leuchtend gefärbten Blätter.

Oben: Koi-Karpfen helfen, die Teiche im Gleichgewicht zu halten und sind zugleich willkommene Farbtupfer.

Unten: Schwäne zwischen Kirschblüten im Garten der für die Kirschblüten bekannten Festung Hirosaki, Präfektur Aomori.

Links: Herbstliche Färbung des Japanischen Ahorns, Tempelanlage Tōfukuji, Kyoto.

Von oben nach unten:
Kumazasa, eine Zwergbambusart (*Sasa*), die häufig in den Gärten zu finden ist.

Trichterfarne, die feuchte und schattige Standorte bevorzugen.

Ein dichter Bambushain im Tempel Jizōin, Kyoto.

Von oben nach unten:
Eine der mehr als einhundert Moosarten des Saihō-ji in Kyoto.

Seerosen in einem Teich des Heian-Schreins.

Spinnenlilien an der Yatsu-Brücke (Yatsuhashi) in der Gartenanlage Koishikawa Kōrakuen, Tokyo.

Der Wechsel der Jahreszeiten

Kirschblüten, Kenrokuen, Kanazawa (Seiten 148–153).

Die japanische Hauptinsel Honshu hat ein gemäßigtes Klima, dessen vier Jahreszeiten sich deutlich unterscheiden, was den Künsten epochenübergreifend als Inspiration diente. Die vier Jahreszeiten sind sowohl ein Thema der Bildrollen als auch der Blumensteckkunst, die die Bildnischen (*takonoma*) eines traditionellen Hauses zieren. Zudem kommen sie in den Kurzgedichten (*haiku*) zum Ausdruck. Ein besonders ausdrucksstarkes Abbild finden die Jahreszeiten jedoch im japanischen Garten.

Inszenierung der Jahreszeiten

Die Gärten sind im Allgemeinen so gestaltet, dass sie zu jeder Jahreszeit ansprechend schön wirken. Dazu ist es notwendig, Faktoren wie die Abfolge der Blütezeit der Pflanzen und die Platzierung verschiedener Laternentypen zu bedenken: Man benötigt Laternen, die sommers den Pfad beleuchten und andere, die winters eine Schneehaube halten können. Obwohl sich die Gärten im Jahreslauf verändern und die vier Jahreszeiten widerspiegeln sollten, präsentieren sich die meisten Gärten zu einer oder zwei Jahreszeiten besonders schön. Manche sind auch besonders bekannt für einen einzigen Anlass wie die Irisblüte im Sommer, andere für die besonders schönen Herbstfarben ihrer Ahornbäume.

Eine alte Methode, einen Vier-Jahreszeiten-Garten zu gestalten, wird im ältesten Roman aus der Heian-Zeit beschrieben. »*Die Geschichte des Prinzen Genji*« erwähnt den Garten des in der Hauptstadt gelegenen Rokuyō-Palastes. Er ist in vier Bereiche unterteilt, einer für jede Jahreszeit, im Einklang mit den Grundlagen der chinesischen Geomantie. Es heißt, es gab eine angenehme, kühle Quelle im nach Süden ausgerichteten Sommerbereich. Dicht gepflanzte Kiefern, die besonders nach heftigem Schneefall ihre Schönheit entfalteten, standen im nach Norden hin ausgerichteten Winterbereich. Der Frühlingsabschnitt lag nach Osten hin, der Herbstbereich nach Westen.

Gartenbesichtigungen

Der Wechsel der Jahreszeiten ist in Japan ein viel beachtetes Spektakel. Sogar das Fernsehen vermeldet, sobald sich an besonders bekannten Orten eine bestimmte Frühlingsblüte erstmals zeigt oder der Höhepunkt der Kirschblüte zu erwarten ist. Jedes Jahr im Frühling schicken Firmen aus dem Gebiet Kansai einen jungen Mitarbeiter als Kundschafter in den Park der Festung von Osaka, wo er unter einem der Kirschbäume für einige Tage sein Zelt aufschlägt und somit einen Platz unter dem bald aufblühenden Baum reserviert. Das gleiche gilt für den Herbst. Zum Höhepunkt der Herbstfärbung springen Millionen Menschen in Auto, Bus oder Zug, um den schönsten Aussichtspunkt zu erreichen, oft einen Garten bei einem Tempel, Schrein oder einem alten Anwesen. Manche Tempel sind zum Erhalt der Anlagen auf die Hunderttausende von Euro angewiesen, die sich aus den Eintrittsgeldern erzielen lassen.

Die Jahreszeiten

Jede der nachfolgend beschriebenen Jahreszeiten wird von einem 17-silbigen Kurzgedicht eingeleitet, das Schönheit eines flüchtigen Augenblicks einzufangen versucht. Die meisten der so genannten *haiku* sind den Jahreszeiten gewidmet. Die Übersetzungen aus dem Japanischen fertigte R.N. Blythe.

Frühling von Yaha

So der Garten
rein gefegt,
fallen Kamelienblüten hernieder.

Das Wiedererwachen der japanischen Gärten im Frühling wird von blühenden Bäumen verkündet. Als erster Baum blüht die Pflaume, dann folgen Kirsche, Pfirsich und Birne. Azaleen folgen im späten Frühling. Der Park der Festung Hirosaki in Aomori ist besonders berühmt für die Kirschblüte. Dann kommen Besucher aus aller Welt, um die dichte Blütenpracht bei der malerischen Brücke zu erleben und an Gelagen mit Reiswein (*saké*) teilzunehmen. Weitere wegen der Kirschblüte berühmte Frühlingsgärten sind der Maruyama-Park in Kyoto (besondere Bäume in Trauerform) und der Heian-Schrein, ebenfalls in Kyoto.

Sommer von Kirei

Nur eine Libelle surrt,
der Garten
tau-nass.

Der japanische Sommer ist feuchtheiß. Die Jahreszeit empfiehlt sich, wenn man die Pracht vieler Blütenpflanzen genießen möchte. Iris und Glyzinen erblühen gegen Ende des Frühlings oder zu Beginn des Sommers. Weitere Sommerblüher sind die Blaue Glockenblume, Gardenie und Lotos. Im Sommer besonders schön sind Gärten mit Teichen, wie zum Beispiel Ginkaku-ji oder Kinkaku-ji in Kyoto, wo sich die goldenen und silbernen Pavillons in Wasserflächen spiegeln, oder auch der Lotos-Garten des Meiji-Schreins in Kyoto. Andere berühmte Sommergärten sind Koishikawa Kōrakuen in Tokyo, wo man auf einem Steg durch Massen von Irisblüten streifen kann, oder der Garten des Sentō Gosho (Kyoto) mit einer Pracht an rankenden Glyzinen. Der Sommer ist auch die beste Jahreszeit, um die fein geharkten Kiesmuster der Trockengärten wie Ryōan-ji oder Daisen-in (zwei Tempel in Kyoto) zu bestaunen.

Herbst von Basho

Als zählt er hundert Jahr',
der Tempelgarten
mit gefall'nem Laub.

Im Herbst werden Hitze und Feuchtigkeit des Sommers langsam von kürzeren, trockenen Tagen und kühleren Nächten abgelöst. Das Blattwerk der Bäume trägt Farbe in die Gärten: das Rot der Ahornbäume und das Gelb der Ginkgos. Weitere beliebte Pflanzen sind Buschklee, Duftblüte und Gräser, die eine Vielzahl an Farbtönen annehmen. Der Herbst ist außerdem berühmt für die Chrysanthemenblüte. Für gewöhnlich sind die zahlreichen Chrysanthemenarten nicht direkt in den Garten gepflanzt, sondern werden in Töpfen vor den Tempeln, Schreinen und an öffentlichen Plätzen präsentiert. Die aufgrund ihres Herbstlaubes beliebtesten Gärten sind die Tempelanlagen Tōfuku-ji in Kyoto und Jōruri-ji bei Nara.

Winter von Shado

Im frischen Garten,
die Steine heimisch geworden,
der erste Winterschnee.

Der Winter in den japanischen Gärten ist gekennzeichnet durch das Verschwinden der strahlenden Farben. Die immergrünen Arten, vor allem die Kiefern, bilden nun die Kontraste zum Grau der Steine und Steinlaternen, zum Schnee, zu den kahlen, blattlosen Stämmen, Ästen und Zweigen der laubabwerfenden Arten. Zwei Gärten erfreuen sich im Winter aufgrund der dortigen Schneemenge besonderer Beliebtheit: Kenrokuen in Kanazawa und der Tempelgarten Sanzenin in Ōhara bei Kyoto. Ein weiterer im Winter beliebter Garten ist der Palastgarten Shūgakuin, ebenfalls nahe Kyoto.

Oben: Im Frühling schmücken Rhododendren und Kirschblüten den Garten der Katsura-Villa (Katsura rikyū, siehe Seiten 130/131). Als nächstes erblühen Schwertlilien am Teichufer.

Folgende Doppelseite: Im Herbst kann man das strahlend bunte Laub innerhalb des Wandelgartens Naritasan am Tempel Shinshōji nahe Tokyo erleben.

Seiten 52/53: Die schneebedeckte Szenerie des Südteichs von Sentō Gosho, direkt neben dem Kaiserpalast in Kyoto (Seite 132). Es heißt, dass die etwa elftausend flachen, ovalen Kiesel am südlichen Ufer des Teiches ein Geschenk des Fürsten Ōkubo für den Kaiser waren. Ōkubo, *daimyō* von Odawara, zahlte für jeden Stein einen *shō* Reis (ein *shō* entspricht als Hohlmaß etwa zwei Litern).

Hinter den Kulissen

Zur Gestaltung eines Gartens sind außer den Planern auch noch jene erforderlich, die die Ideen Wirklichkeit werden lassen. »Hinter den Kulissen« widmet sich der sozialen Stellung der Gartenkünstler und ihrer einer steten Veränderung unterworfenen Rolle bei Planung und Umsetzung. Damit im Zusammenhang steht zudem, wie man Gärten in unveränderter Form erhielt und auch heute noch erhält.

Gärtner

Während der Nara- und Heian-Zeit war die Gartengestaltung in erster Linie eine Beschäftigung der Adligen, die sich bei der Anlage auf Bücher wie das *Sakuteiki* stützten, Priester als Berater in Anspruch nahmen und die körperliche Arbeit ihren Unfreien überließen. In der späten Heian- und der Kamakura-Zeit wurden Gärten hauptsächlich von umherwandernden Mönchen gestaltet. Diese *ishi-date-sō* (Steine setzende Priester) boten ihre Dienste der reichen Oberschicht an. Während der Muromachi-Zeit trat an die Stelle der Priester eine Gruppe halb-professioneller Gärtner. Sie rekrutierten sich aus der »unreinen« Gesellschaftsschicht, standen außerhalb aller Klassen und man nannte sie *kawara-mono* – Leute vom Flussufer. An ihren Namen hängte man die Endung *-ami* an, um die niedrige Herkunft anzuzeigen. Diese »Gärtner-*ami*« haben Seite an Seite mit den Mönchen der Zen-Klöster bei deren Gartengestaltung gearbeitet. Einer der ersten Klassenlosen, der es zu einer geachteten Stellung innerhalb der Gesellschaft brachte, war Zen'ami (1386–1482). Für die Zen-Mönche bedeutete es keinerlei Erniedrigung, mit den Klassenlosen zu arbeiten, weil ihr Glaube die Gleichheit als höchsten Grundsatz betonte. Im Gegensatz zur Verachtung der körperlichen Arbeit durch die Oberschicht lehrte der Zen-Glaube, dass es keinen Unterschied zwischen weltlich und geheiligt gebe. Jede auch noch so geringe Aufgabe kann als spirituelle Übung dienen, solange man nur den Geist völlig darauf richtet. Obwohl die schwere körperliche Arbeit bei der Gartengestaltung oft den Berufsgärtnern Zen'ami überlassen blieb, wirkten die Mönche und Priester intensiv bei der täglichen Gartenpflege der Tempelgärten mit. Das galt auch für die Tee-Meister. Von ihnen erwartete man, dass sie vor einer Zeremonie selbst im *roji* Hand anlegten. Der berühmteste Gartengestalter seiner Zeit – Musō Soseki – war ein hochrangiger Zen-Priester, der mehrere wichtige Gärten, darunter Tenryūji und Saihōji, plante (siehe dazu Seite 100).

In der Edo-Zeit gab es eine Gesellschaftsgruppe, die man *ueki-ya* nannte – diejenigen, welche Bäume setzen. Diese neue Gärtnerschicht bestand aus Berufsgärtnern, die sich mit der Zeit auch speziali-

Oben: Kiefern können in zahlreiche Formen gezwungen werden. Der Stamm des oben gezeigten Baumes macht drei Richtungswechsel und die Äste wurden in Harmonie mit diesen Windungen gezogen. Dadurch entstehen deutlich erkennbare, parallele Ebenen. Der untere Baum hingegen folgt einer informalen Gestaltung, die an windgepeitschte Ufer oder Höhen denken lässt.

Rechts: Die Äste der alten Bäume in Kenrokuen (Kanazawa) werden mit Holzpfosten abgestützt.

Gegenüber: Pflanzenpflege im Irisgarten des Meiji-Schreins, Tokyo.

Kenrokuen: Schirme aus Seilen – *yuki-turi* – stützen hier die alten Kiefern. Die Zweige werden an die Seile gebunden, damit sie unter der Schneelast des Winters nicht abbrechen.

Der Nördliche See des Gartens Ritsurin in Takamatsu auf der Insel Shihoku ist für seine schön geschnittenen Kiefern berühmt (siehe Seiten 142–147). Hier sieht man Arbeiter beim Rückschnitt.

sierten: Sammler von Wildpflanzen, Saatgärtner und Gartengestalter. Der berühmteste Gartengestalter dieser Zeit war Kobori Enshū (1579–1647), ein Edelmann und hochrangiger Beamter der Zentralregierung. Ihm oblag die Bauaufsicht öffentlicher Bauten, darunter die Gestaltung der Palastgärten und der Bau von Festungen.

Gartenpflege

Gärten verändern sich im Lauf der Zeit, doch normalerweise verläuft die Veränderung so langsam, dass manche der japanischen Gärten geradezu zeitlos wirken. Es ist nicht einfach, eine Gestaltung über lange Zeit zu bewahren. Beispielsweise zerstören Wind und Regen die feinen geharkten Muster im Kies eines Trockengartens, sodass dort regelmäßig nachgearbeitet werden muss. Bambus breitet sich schnell aus und Büsche schießen in die Höhe. Daher sind ständig Umgraben, Neupflanzen, Rückschnitt und Formschnitt notwendig.

In manchen Fällen hat man der Natur ihren Lauf gelassen, sei es als Merkmal der Gestaltung selbst oder aus Kostengründen. Im Gegensatz zu den penibel gepflegten Gärten um Kyoto, dürfen in einigen Gärten in Japans Osten, auch um Tokyo herum, die Bäume natürlich und ohne Formschnitt wachsen. Eine andere Ursache für Veränderung in den Gärten ist die Anpassung an den jeweils herrschenden Zeitgeschmack.

Zu den wichtigsten Pflegemaßnahmen zählen der Rückschnitt und das Stützen. Man wendet kunstvolle Schnitttechniken an, um den Bäumen eine Reihe verschiedener Silhouetten zu geben, die oft auf dem Aussehen berühmter Bäume in der Natur beruhen. Dazu werden die gegenständigen Äste teils entfernt und die verbliebenen an Pfosten gebunden. Zweige, die man besonders lang horizontal über Teiche führt, benötigen oft hölzerne Stützen. Stützen sind auch bei alten Bäumen notwendig, deren Stämme teilweise schon verrottet oder von Insektenfraß betroffen sind. Die Nadeln der Kiefern werden manchmal auch von Hand ausgedünnt, um einen kargen Anblick zu bieten oder den Blick durch den Baum hindurch zu führen.

Eine weitere wichtige Pflegemaßnahme ist die Vorbereitung der Bäume und Büsche für den Winter. Sträucher und kleine Bäume werden zum Schutz in Strohmatten eingehüllt. Sogar große Bäume werden eingewickelt, wenn man sie erst kürzlich verpflanzt hat. Den Schnee von den

Im Uhrzeigersinn von oben links: Von Hand werden im Tempel Kinkaku-ji Kiefernnadeln und Unkraut entfernt.

Die Neupflanzung von Iris am Ufer des Teiches am Ise-Schrein ist arbeitsaufwändig und kostspielig.

Das tägliche Laubrechen auf den Wegen gehört zu den Aufgaben der Mönche. Blätter müssen regelmäßig aus dem Bachbett entfernt werden.

Abgestorbene und zu dichte Kiefernnadeln müssen mühevoll von Hand geschnitten werden.

Das Rechen der Sandmuster, ohne darauf zu treten, erfordert einige Übung.

immergrünen Bäumen, vor allem bei Kiefern mit weit herausragenden Ästen, fernzuhalten ist eine komplizierte Aufgabe. Eine Möglichkeit ist der Bau eines schirmartigen Konstrukts aus Reisfaserstricken: der Pfosten, an dem die Stricke befestigt sind, ragt über die Baumspitze hinaus, am Boden werden die Stricke kreisförmig um den Baum verankert. Jeder Kiefernast wird dann an einen dieser zahlreichen Stricke gebunden und somit das Brechen unter der Last nassen Schnees verhindert.

Die Gartenpflege umfasst jedoch auch das Jäten von Hand, die Reinigung von Teichen und das Umsetzen von Wasserpflanzen. Ist der Garten klein, so können diese Arbeiten in der Hand eines Einzelnen ruhen. Ist der Garten dagegen groß, benötigt man eine Schar eifriger Helfer.

Japans traditionelle Gärten

Die im folgenden Kapitel des Buches vorgestellten Gärten wurden nach vier verschiedenen Kriterien ausgewählt: Sie sind bekannt und werden aufgrund ihrer herausragenden Qualität häufig besucht; sie illustrieren besonders beispielhaft einen der grundlegenden Gartentypen in Japan (wie Trockengarten oder Wandelgarten); sie sind historisch betrachtet von Wichtigkeit; sie stehen Besuchern offen, auch wenn von Fall zu Fall eine Besichtigungsgenehmigung eingeholt werden muss.

Die Gärten werden nach Gestaltungstypus und in der Chronologie ihrer Entstehung geordnet (siehe dazu auch Seite 13). Frühe Gartenstile wie die Kiesbedeckten Höfe stehen dabei vor den Zen-Gärten der Tempel. Die Auswahl umfasst jeweils zwei oder mehr Beispiele, um einen Typus zu illustrieren.

Ein besonderes Merkmal der ausgewählten japanischen Gärten ist die Tatsache, dass sie in der Vergangenheit von Japans gesellschaftlicher Elite – Adel, Aristokratie, Kriegern, dem Klerus und reichen Kaufleuten – gestaltet wurden. Sie versicherten sich dabei der Mitarbeit einiger der größten Gartenkünstler ihrer Zeit. Die Gärten waren somit kostspielig und verursachten einen großen Zeit- sowie Arbeitsaufwand.

Die auf den folgenden Seiten gezeigten Gärten liegen auf drei der japanischen Hauptinseln: Honshu, Shikoku und Kyushu. Die vierte Hauptinsel, Hokkaido, war zu weit entfernt, um in vormoderner Zeit unter den Einfluss der japanischen Elite zu gelangen. Das eigentliche Machtzentrum befand sich vom 6. bis zu 19. Jahrhundert im Gebiet der heutigen Städte Nara, Kyoto und Osaka.

Die wichtigen Gärten liegen in der Mehrzahl in Kyoto. Da Kyoto mehr als tausend Jahre lang die Hauptstadt Japans war, lebten dort eine Vielzahl Kaiser, Shogune und hochrangige Adlige, die den Anstoß zur Anlage vieler Adelssitze, Tempel und Gärten gaben und ihren Unterhalt gewährleisteten. Im Vergleich dazu ist Tokyo eine verhältnismäßig junge Stadt, die außerdem im Zweiten Weltkrieg fast völlig zerstört wurde.

Aufgrund der großen Zahl traditioneller Gärten, insbesondere im Gebiet um Kyoto, mussten einige der schönsten Beispiele entfallen. Die ausgewählten Gärten jedoch mögen die Bandbreite und den Reichtum zeigen, welcher über Jahrhunderte hinweg ein Hauptmerkmal der japanischen Gartengestaltung war.

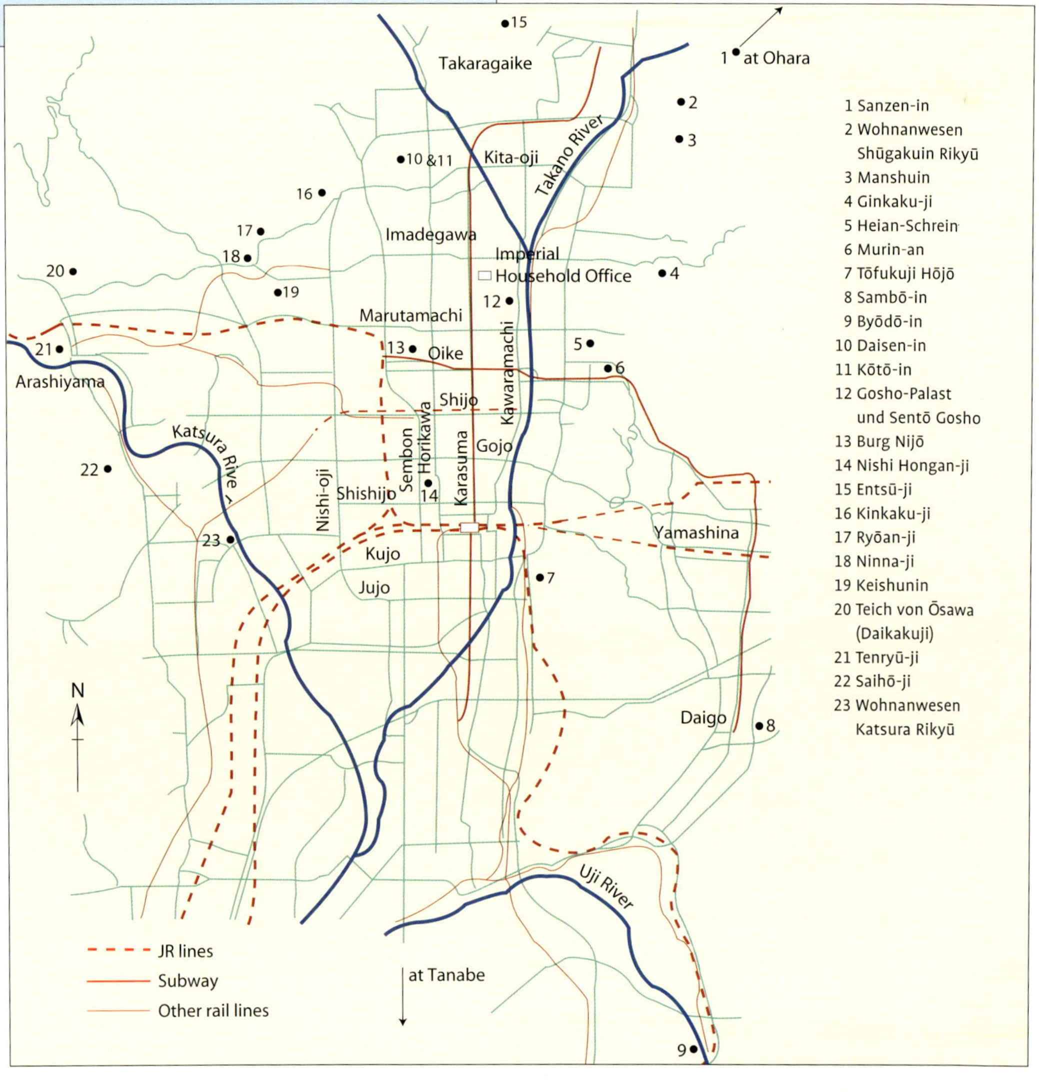

Oben: Die Standorte der im Buch beschriebenen Gärten.

Rechts: Karte von Kyoto mit Angabe der Gartenstandorte.

Seiten 60/61: Das Teehaus Shōkintei an einem besonders schönen Platz im Garten Katsura Rikyū, dem frühesten bekannten Wandelgarten Japans (Seiten 130/131). Der Garten ist um einen unregelmäßig gestalteten Teich herum angelegt, das Ufer (*suhama*) ist als Landzunge mit flachen, großen Kieseln gestaltet. Die Steinlaterne an der Spitze symbolisiert einen Leuchtturm.

Gegenüber: Ein Besucher genießt die Kirschblüte im Park Shinjuku Gyoen, Tokyo.

Frühe kiesbedeckte Höfe

Der Ursprung der japanischen Gärten liegt in kiesbedeckten Ufern oder Waldlichtungen (*shiki-no-himorogi*), die man mit einem Reisfaserstrick um die Bäume gekennzeichnet und mit Sand oder Kies ausgestreut hat. Diese kiesbedeckten Flächen dienten rituellen Handlungen in Zusammenhang mit den Naturgöttern *kami*, später versinnbildlichten sie in Shinto-Schreinen oder buddhistischen Tempeln einen geheiligten Raum. In den Anwesen der Clanoberhäupter, dann des Adels und des Herrschers markierte die Kiesfläche den Raum für Zeremonialhandlungen.

Göttliche Kraft

Die frühen »Gärten« der prähistorischen Epoche Japans sollten die *kami* – die Naturgeister – herbeilocken. Auf einer abstrakteren Ebene kann man sich *kami* als höhere Kräfte vorstellen, die allem Naturgegebenen innewohnen, in manchen Dingen sind sie jedoch stärker konzentriert als in anderen. Dieser ursprüngliche Gedanke passte gut zu den Ideen des sich im 6. Jh. n. Chr. vom chinesischen Festland aus verbreitenden Buddhismus. Der kosmische Buddha ist kein transzendenter Schöpfer, der außerhalb der Natur steht, sondern eine naturimmanente Kraft, die sich ununterbrochen in den Abläufen der Natur manifestiert. Im Volksglauben sind Shintoismus und Buddhismus gleichermaßen von zahlreichen Götterwesen bevölkert, auf einer höheren Ebene jedoch ist die göttliche Kraft abstrakt und allumfassend. Sowohl im Buddhismus als auch im Shinto-Glauben drücken die einfachen, mit Kies bedeckten Höfe diese abstrakten Konzepte aus.

Miya

Der Begriff *miya* bezeichnet entweder einen Palast oder einen Schrein. In alter Zeit war der Anführer eines Familienverbandes zugleich auch religiöser Oberpriester. Daher bezeichnete *miya* offensichtlich ein Gebäude, das sowohl Wohnsitz des Herrschers als auch die Wohnstätte eines mit der Sippe verbundenen *kami* war. Der Bereich vor dem *miya* war möglicherweise mit weißem Kies bestreut. Die freie Fläche symbolisierte einerseits einen geheiligten Platz (*yuniwa*), andererseits konnten sich die Würdenträger hier zu religiösen oder politischen Ereignissen versammeln.

Im Laufe der Zeit trennte man die politischen von den religiösen Ereignissen, was die Entstehung verschiedener Baukörper für Schreine und Paläste mit sich brachte. Beide Gebäudetypen, Schrein wie Palast, behielten jedoch den Hof mit Kiesfläche. Er wurde oftmals durch eine Mauer von den weltlichen Bereichen abgeschirmt, ein Gestaltungselement des im 6. Jahrhundert aus China und Korea übernommenen Buddhismus. Die buddhistischen Tempelanlagen auf dem Festland, deren Anlage auf der chinesischen Palastarchitektur basierte, verfügten gewöhnlich über große, kiesbedeckte Höfe, worin die Tempelbauten symmetrisch angeordnet waren. Nachdem der Buddhismus nach Japan getragen worden war, beeinflussten sich festländische und eigenständig japanische Traditionen. Ihre sich auf vielerlei Bereiche ausdehnende Verschmelzung hatte weitreichende Folgen für die weitere Architekturentwicklung und Gartengestaltung.

Der bedeutungsvolle Raum

Die Idee des *yuniwa*, wie oben angeführt, bezeichnet einen geheiligten Raum, der für den alleinigen Gebrauch der *kami* reserviert und gereinigt ist. Da die *kami* den Ort in unregelmäßigen Abständen nutzen, trat zu der Vorstellung eines bestimmten Raumes auch die Vorstellung eines Zeitintervalls hinzu und zusammen ergab sich daraus ein komplexes Konzept: Raum und Zeit gehen eine Verbindung ein, die über beide Elemente hinausreicht. Der vom Festland übernommene Buddhismus und der Daoismus bereicherten diese Vorstellung.

Eines der wichtigsten gereiften Konzepte ist die Vorstellung von *ma*, was soviel bedeutet wie eine mit tiefgründigem Inhalt befrachtete Zeitspanne oder Raum. In der Architektur bezieht sich *ma* auf den freien Raum zwischen Säulen oder Schiebetüren, der nur mit *tatami*(-Matten) ausgelegt ist. In jener Hinsicht steht *ma* für einen Raum, der ein Ereignis erwartet. In der Musik bezeichnet *ma* den bedeutungstragenden Moment zwischen zwei Noten und im Schauspiel steht es für die dramatische Pause in einer Handlung oder einer Äußerung. In der Malerei bedeutet *ma* so viel wie die freie Fläche eines charakteristischen Tuschbildes. Ein verwandtes Konzept des Zen-Buddhismus ist *mu*. *Mu* wird oftmals als »Leere« übersetzt, was jedoch etwas irreführend ist. *Mu* bezieht sich auf die reine

Der Garten des Tōkaian, einem Tempel der Zen-Klosteranlage von Myōshinji in Kyoto. Als Sinnbild für *mu*, die der Wirklichkeit innewohnende formlose Kraft (manchmal auch als »das Leere« bezeichnet), ist der Garten ausschließlich aus geharktem Kies gestaltet und von einer Mauer umgeben. Obwohl sie nicht direkt aus der Tradition der frühzeitlichen Hofgärten mit Kiesfläche herrühren, stützen sich die *karesansui*-Gärten dennoch auf zahlreiche identische Kulturgedanken.

Kraft jenseits von Raum und Zeit, woraus die Sinnwelt permanent neu entsteht.

Die Kenntnis derartiger gedanklicher Konzepte ist zum Verständnis der kiesbedeckten Höfe bei Shinto-Schreinen oder buddhistischen Tempeln notwendig. Die Höfe sind nicht einfach freie Flächen, sondern geheiligte Orte, an denen die Gläubigen eine Verbindung zu Elementen jenseits von Raum und Zeit aufnehmen können. Die besten Beispiele für die Tradition der frühen kiesbedeckten Höfe sind die nachfolgend beschriebenen Anlagen Ise Jingū sowie Hōryū-ji.

Oben: Der kiesbedeckte Hof des Tempels Enshō-ji in Nara. Enshō-ji war einer der beliebtesten Rückzugsorte des Literaten Mishima Yukio. Die Trittsteine zeigen, dass der Hof als Garten zu betrachten ist und die Kiesfläche nicht betreten werden darf.

Links: Ein Strick aus Reisfasern markiert eine Kiesfläche am Kamigamo-Schrein in Kyoto.

Ise Jingū

Oben: Holzlaterne auf dem Gelände des Ise-Schreins.

Unten: Blick von Südosten auf die Anlage des Inneren Schreins (Naikū) in Ise Jingū. Die Anlage besteht aus einer Haupthalle und zwei Schatzhäusern inmitten einer Kiesfläche, die von zahlreichen Zäunen und Toren umgeben ist. Westlich schließt sich eine freie Kiesfläche an, wo der Schrein nach Ablauf des nächsten Zwanzig-Jahres-Zyklus neu errichtet werden wird.

Das beste Beispiel eines kiesbedeckten Hofes aus früher Shinto-Zeit ist Ise Jingū, der Ahnentempel der kaiserlichen Familie, der seit dem 7. Jh. n. Chr. mit wenigen Ausnahmen alle 20 Jahre in gleicher Form neu errichtet wurde. Der Ise-Schrein umfasst zwei Bereiche: den der Sonnengöttin gewidmeten Inneren Schrein – Naikū, und den Äußeren Schrein – Gekū – für die Göttin der Nahrung.

Geschichte

Irgendwann im späten 3. Jahrhundert (Yayoi-Zeit) eroberte der Yamato-Klan die Vorherrschaft über andere Familienverbände. Der Herrscher Suinin errichtete einen Tempel für einen heiligen Spiegel, der die Sonnengöttin Amaterasu-Ōmikami – Göttermutter des japanischen Volkes und Ahnin des Herrschaftshauses – symbolisiert. Der Innere und der Äußere Schrein, zusammen als Ise Jingū bekannt, liegen in einem alten Wald aus Japanzedern in der Präfektur Mie, südlich von Nagoya.

Bislang wurden die Schreine bis auf wenige Ausnahmen alle 20 Jahre neu errichtet. Das geht auf einen Erlass des Kaisers Temmu aus dem Jahre 685 zurück. Der Neubau ist besonders kostspielig, weil dabei 65 Bauten und etwa 16.000 Gegenstände ersetzt werden müssen. Im Laufe der Jahrhunderte erfolgten kleine Veränderungen. Dennoch bietet Ise Jingū einen beispiellosen Einblick in das Wesen der frühen Shinto-Schreine, zeigt die prähistorischen hohen Reisspeicher, aus denen sich die Schreine entwickelten, sowie die kiesbedeckten Höfe, die sie umgaben.

Anlage

Die Hauptanlagen des Inneren wie Äußeren Schreins bestehen je aus einer Tempelhalle und zwei Schatzhäusern, die in einem kiesbedeckten Hof gruppiert sind. Obwohl die Anlagen von zahlreichen Zäunen umgeben sind und der Zugang nur dem Kaiser, seinem Gefolge und den Schreinpriestern erlaubt ist, kann man den Stil anhand der zahlreichen Nebenschreine innerhalb des großflächigen Komplexes nachvollziehen. Wie die Hauptschreine sind auch die Nebentempel in Flächen von rauem weißem Schotter oder Kies gebettet. Alle 20 Jahre wird jedes wichtige Gebäude auf einer Kiesfläche neben seinem alten Standort in Kopie neu errichtet und danach das Original abgerissen.

Die architektonische Bedeutung der Schreine liegt darin, dass sie beweisen, dass viele Grundzüge der japanischen Ästhetik schon in prähistorischer Zeit existierten. Dazu gehören die Verwendung von natürlichen Materialien wie Stroh und unbemaltes Holz, die Errichtung von Bauten auf Stelzen oder Podesten, die Anpassung der Gebäude an die natürliche Umgebung – sowie die Bevorzugung einfach gestalteter, geordneter Räume. Obwohl in erster Linie feudale Kriegsfürsten häufig gegen die Prinzipien verstießen, ist Ise Jingū ein andauerndes Symbol für japanisches Understatement, das die japanische Kunst und auch die Gärten in besonderer Weise kennzeichnet.

Die Höfe des Ise-Schreins

Die Höfe der Schreine von Ise sind mit relativ großen, weißen Kieseln bedeckt. Damit erinnern sie an die Flächen (shiki-no-himorogi), die man in der Vorzeit an Ufern oder im Wald angelegt hatte. Die rechteckigen Höfe, in denen die Hauptschreine liegen, sind von Zäunen umgeben, die Kiesflächen der nebengeordneten Tempel sind von Steinmäuerchen eingefriedet. Obwohl die Kiesflächen regelmäßig von herabgefallenem Laub gesäubert werden müssen, sind sie zu groß, um Muster zu harken, wie das bei den späteren Zen-Tempeln aus ästhetischen Beweggründen der Fall war. Die Kiesel in Ise markieren den geheiligten Bereich.

Nach der Einführung des Buddhismus im 6. Jahrhundert, veränderten sich viele Shinto-Schreine unter dem Einfluss buddhistischer Tempelarchitektur und dekorative Elemente wie gebogene Giebel oder zinnoberrot gefärbte Hölzer hielten Einzug. Ise Jingū ist einer der wenigen Schreine, dessen ursprüngliches, prähistorisches Aussehen mehr oder weniger erhalten blieb. Bis heute haben jedoch die meisten Shinto-Schreine die Tradition der kiesbedeckten Höfe bewahrt, egal ob sie dem eigenständig japanischen oder dem festländischen Stil verpflichtet sind.

Oben: Ein mit Kieseln bedeckter Hof eines Nebenschreins in Ise. Der kiesbedeckte Hof hat seine Wurzeln im Lande selbst und rührt aus einer frühzeitlichen Tradition her. Die Bedeutung der Höfe lässt sich dadurch ermessen, dass man sie in späteren Anlagen wie dem Platz zwischen Shinden-Palast und Teich, den Trockengärten (*karesansui*) oder den Gärten der Krieger weiterhin beibehalten hat. Selbst heute finden sich noch Kiesflächen in den Gärten von Privathäusern oder öffentlichen Gebäuden.

Links: Manche Stämme der alten Sicheltannen (*Cryptomeria*) entlang der geschotterten Wege in Ise Jingū sind mit Bambusmatten umwickelt, damit die Fußgänger sie nicht beschädigen.

Hōryū-ji

Oben: Ein zweistöckiges Tor (*chūmon*) bildet den Eingang zur ummauerten Westlichen Anlage des Hōryū-ji. Die wichtigsten Gebäude sind die Buddhahalle (*kondō*) und die fünfstöckige Pagode.

Unten: Der Westliche Bereich des Hōryū-ji in Nara – die ältesten Holzgebäude der Welt. Wie in anderen Tempel aus jener Epoche auch, liegen die Gebäude innerhalb eines ummauerten, mit Kies bedeckten Gevierts.

Das herausragende Beispiel früher buddhistischer Tempelarchitektur ist der während der Asuka-Zeit entstandene Tempel Hōryū-ji in der Nähe von Nara. Hōryū-ji, der älteste Tempel Japans, verfügt wohl über die weltweit ältesten Holzbauten. Der westliche Bereich ist der wichtigste Tempelbereich der weitläufigen Anlage: ein ummauerter, kiesbedeckter Innenhof mit Buddhahalle, Pagode und Schriftenhalle.

Geschichte

Hōryū-ji wurde von Prinz Shōtoku, einem zutiefst gläubigen Buddhisten, Regenten und berühmtem Staatsmann seiner Zeit gegründet. Unter seiner Führung wurde der Buddhismus zur offiziellen Norm erklärt und somit der Shintoismus durch den Buddhismus als Staatsreligion in Japan ersetzt. Dies war eine Maßnahme, die Macht der anderen Familienverbände zu schwächen und ein zentralistisch organisiertes Reich nach chinesischem Vorbild zu etablieren. Hōryū-ji wurde in einem Dorf namens Ikaruga in der Nähe der heutigen Stadt Nara unter der Leitung koreanischer Zimmerleute und Handwerker errichtet. Regent Shōtoku stiftete den Tempel dem Medizinbuddha Yakushi, womit er ein Gelübde gegenüber seinem kranken Vater erfüllte.

Die ursprüngliche Tempelanlage war symmetrisch und von Süden nach Norden erstreckten sich Pagode, Haupthalle sowie Schriftheiligtum auf einer Flucht. Obwohl die Einzelheiten etwas im Unklaren liegen, entstand der Tempel wohl im Jahre 607 und brannte im Jahre 670 nieder. Beim Wiederaufbau einige Jahre später wurde die Pagode neben die Haupthalle platziert und somit die ursprüngliche Symmetrie aufgehoben. Neben dem westlichen Bereich gibt es den östlichen Tempel mit der so genannten Traumhalle – *yume-dono*, die 739 als Ruhestätte für Prinz Shōtokus Seele errichtet wurde. Das Schatzhaus des Tempelkomplexes birgt unbezahlbare Objekte aus der Asuka- wie der Nara-Zeit, darunter den Kudara Kannon, eine hohe, schlanke Boddhisattva-Statue in koreanischem Stil. Aufgrund des Alters und der architektonischen Bedeutung ist Hōryū-ji die wichtigste Tempelanlage in Japan. 1993 wurde die Anlage in das Weltkulturerbe der UNESCO aufgenommen.

Anlage

Chinesische buddhistische Architektur basierte auf kosmologischen Grundlagen, welche bestimmten, wie das Leben und das menschliche Verhalten zu organisieren waren. Die Anlage des Tempels selbst, wie auch die als Vorbild dienende Palastarchitektur, war rechteckig, von einer mit Ziegeln eingedeckten Mauer umgeben und von Süden aus durch ein großes Tor zugänglich. Die Fläche wurde einge-

ebnet, von jeglicher Vegetation befreit und mit Kies bedeckt, um einen vornehmen wie ernsten Schauplatz zu schaffen, der der würdigen Stimmung eines Platzes, wo Himmel und Erde aufeinander treffen, angemessen war. Die mathematische Genauigkeit, die bei der Planung eines buddhistischen Tempels erforderlich war, verdeutlichte die Notwendigkeit, unkontrollierbare Naturkräfte zu beherrschen. Die Maße aller Strukturen standen im Verhältnis zur Basis des Herzpfeilers der Pagode. Die Gebäude wurden symmetrisch angeordnet. Die Holzelemente waren zinnoberrot gestrichen, um einen starken Kontrast zu den weißen Füllungen zwischen den Pfosten zu bilden. Die massiven Dächer trugen stabile Keramikziegel.

Der Plan des Hōryū-ji basiert auf diesem festländischen Prototyp, obwohl die Symmetrie der Gebäude nach dem Brand aufgegeben und der zinnoberrote Anstrich der Witterung preisgegeben wurde. Obwohl nun einige wenige Bäume im Hof wachsen, ist die weitläufige Hoffläche noch immer mit weißem Kies bedeckt und bietet den Gläubigen bei den regelmäßig im freien durchgeführten Zeremonien oder Prozessionen genug Raum.

Die strenge Symmetrie der chinesischen Anlagen vertrug sich nicht völlig mit den japanischen Schönheitsvorstellungen, bei denen eine Tendenz zu Asymmetrie und Anpassung an die natürliche Umgebung zu erkennen ist. Im Laufe der Zeit haben zahlreiche japanische Tempel eine flexiblere Gestaltung der Fläche gepflegt, natürliche Materialien wie Dächer aus Rindenstücken übernommen und eine Vielzahl von Gärten in die Anlage eingegliedert, um eine entspanntere und natürlichere Umgebung zu schaffen.

Die formalen Höfe sind mit der Einführung weiterer bodenständiger Formen buddhistischer Architektur jedoch nicht verschwunden. Die Kiesflächen wurden in späteren Epochen weiterhin eingesetzt, um in den Haupttempeln der buddhistischen Schule des Reinen Landes (Nishi oder Higashi Hongan-ji in Kyoto) eine Stimmung von Größe zu vermitteln. Obwohl die Anlagen erst während der Momoyama- beziehungsweise Edo-Zeit entstanden sind, bewahren diese etwas von der Stimmung des Hōryū-ji oder anderer Tempelanlagen in festländischem Stil aus der Asuka- oder Nara-Zeit.

In Palastanlagen und den wichtigen Shinto-Schreinen der Meiji-Zeit waren die kiesbedeckten Höfe weiterhin ein Gestaltungselement, um Macht und Würde zu versinnbildlichen. Die Tradition der mit Kies bedeckten Höfe hat eine lange Geschichte, die von prähistorischer Zeit bis in die Gegenwart reicht.

Ganz oben: Der große, kiesbedeckte Hof ist fast völlig frei von Vegetation. Links sieht man die Große Rezitationshalle (Daikōdo) im rückwärtigen Tempelbereich.

Oben: Der Drachenbrunnen am Eingang zur Östlichen Anlage. Hier reinigen die Besucher sich Hände und Mund, bevor sie den Bereich betreten.

Anlagen im Shinden-Stil

Idealbild einer symmetrischen Shinden-Anlage mit Garten nach chinesischem Modell.
a *shinden*, Hauptgebäude
b gedeckte Wandelgänge
c Nebenhallen
d Fischer-Pavillon
e Quell-Pavillon
f Tore
g Teich und Gartenfluss

Die chinesische Kultur hatte einen weit reichenden Einfluss auf die Gärten der Adeligen während der Nara- (710–94) sowie der Heian-Zeit (794–1185). Zwischen 630 und 838 unternahmen japanische Gesandte zahlreiche Reisen nach Chang'an in die Hauptstadt der Tang-Dynastie. Sie brachten eine große Zahl Bücher, Baupläne, Tuschbilder und andere Dokumente nach Japan, die die Grundlage für die Anlage von Bauwerken und Gärten im chinesischen Stil bildeten.

Shinden-Architektur

Die chinesischen Vorbilder verlangten nach einem Hauptgebäude (*shinden*), das auf beiden Seiten von Hallen und weiteren symmetrisch angeordneten Nebengebäuden (*tainoya*) flankiert wurde, die alle durch Wandelgänge miteinander verbunden waren.

Südlich der Haupthalle erstreckte sich eine weiße Kiesfläche, die mit den geheiligten Räumen sakraler Architektur oder der Herrscherpaläste in Zusammenhang stand, wo Zeremonien oder Feierlichkeiten stattfanden. An der gegenüberliegenden Seite der Kiesfläche lag ein Teich mit einer oder zwei Inseln, die über Brücken zugänglich waren. Um den Teich waren Bäume, Sträucher und Blumen gepflanzt. Im Areal jenseits des Teiches waren künstliche Hügel angelegt. Zu beiden Seiten der Shinden-Anlage erstreckten sich zwei Gebäudeflügel in Form langer Korridore zum Teich hin. An einem Ende lag der Fischer-Pavillon, am anderen der Quellpavillon. Diese beiden offenen Pavillons, die auf Stelzen über dem Teich standen, eröffneten Gästen die Aussicht auf Miniaturlandschaften, die als Kopien berühmter Orte in China und Japan geschaffen wurden, sie gaben den Blick auf die Drachenbootrennen frei, man trank Reisschnaps (*saké*) oder tauschte Gedichte aus. Der gesamte Komplex war von einer Mauer eingefasst und im Sinne chinesischer Kosmologie entlang einer Nord-Süd-Achse ausgerichtet.

Neben dem großen, nach Süden gelegenen Hauptgarten eines Shinden-Palastes gab es in den Höfen zwischen den Gebäuden kleine Hofgärten. Diese kleinen, informellen Gärten (*tsuboniwa*), die man stets vom Haus aus betrachtete, waren die Vorläufer der Tsubo-Gärten der Edo-Zeit.

Rechts: Blick durch ein Tor über den kiesbedeckten Hof hinweg zur Zeremonialhalle (Shishinden) des Gosho-Palastes in Kyoto.

Gegenüber unten: Ein heian-zeitliches Dichtertreffen in einem der Palastgärten, Dar[illegible]g auf einer beweglichen Außentür [illegible]o Gosho.

Tōsanjōden, die Residenz der mächtigen Fujiwara-Familie in Heiankyō. Das Anwesen gibt die Symmetrie des idealen chinesischen Vorbildes eines Shinden-Palastes zugunsten einer asymmetrischen Anlage in der Form »fliegender Wildgänse« auf. Die westlichen Nebengebäude entfallen. Der Garten bleibt vor der Schauseite des Hauptgebäudes.

- a Hauptgebäude (*shinden*)
- b Östliche Nebengebäude (*tainoya*)
- c Osttor
- d Westlicher Wandelgang
- e Fischer-Pavillon
- f Kiesfläche vor dem *shinden*
- g von einem Gartenfluss zwischen *shinden* und *tainoya* gespeister Teich mit drei Inseln

Herrschaftspaläste

Nach dem Vorbild der Hauptstadt der chinesischen Tang-Dynastie Chang'an gestaltet, erstreckte sich Heijōkyō (das heutige Nara) über ein Rechteck von 5,9 km in west-östlicher Richtung und 4,8 km in Nord-Süd-Richtung. Der Palast nahm darin eine Fläche von 1,2 km^2 ein. Die Hauptgebäude des Palastes waren Daigokuden (die Staatshalle), wo alle wichtigen Feierlichkeiten stattfanden, und Chōdōin, wo sich die Ämter befanden. Daigokuden lag am Ende eines mit weißem Kies bedeckten, ummauerten Bereiches. Als die Hauptstadt im Jahre 794 nach Heiankyō (das heutige Kyoto) verlegt wurde, folgte die Stadtplanung weitgehend dem Stil der Vorgängerin. Der Palast lag am Rand der Stadt. Ein Brand zerstörte im Jahr 876 den ursprünglichen Palast. Mehrfach niedergebrannt und wieder errichtet, wurde die Staatshalle (Daigokuden) nach einem besonders heftigen Feuer im Jahre 1177 nicht mehr aufgebaut. Jedoch kann man die Gestalt am Heian-Schrein in Kyoto ablesen. Zum 1100. Jahrestag der Stadtgründung im Jahre 1895 errichtet, ist der Heian-Schrein zu zwei Dritteln eine Kopie des dritten Daigokuden aus dem Jahre 1072. Wie bei seinen Vorgängern liegen auch hier die Hauptgebäude an einer Seite eines großen, ummauerten Hofes mit weißer Kiesfläche.

In der Vergangenheit mehrfach in Flammen aufgegangen, ist der heutige Kaiserpalast in Kyoto (Gosho-Palast) aus dem Jahre 1855 ebenfalls ein Wiederaufbau nach Plänen aus der Heian-Zeit. Innerhalb des ummauerten Bereiches stehen 18 durch überdachte Wandelgänge miteinander verbundene Gebäude mit kleinen, dazwischen liegenden Gartenhöfen sowie Gärten mit reicher Vegetation, Brücken und Flüsschen. Das Hauptgebäude ist die so genannte Shishinden, eine Halle im Shinden-Stil mit mächtigem Dach, das mit Zedernholzschindeln eingedeckt ist. Vor dem Gebäude dehnt sich ein großer Hof mit weißer Kiesfläche aus, wo Feierlichkeiten und höfische Tänze durchgeführt werden.

Der Palast in Kyoto, der heute nur noch als Krönungsstätte des neuen Herrschers dient, ist ein lebendiges Beispiel für die Tradition der kiesbedeckten Höfe. Das verbindet ihn mit Ise Jingū, Hōryū-ji und anderen Anlagen im traditionellen Stil.

Rekonstruktion

Aus der Heian-Zeit sind keine Shinden-Architekturen oder Paläste erhaltenen. Es gibt jedoch eine Vielzahl Rekonstruktionen, die einen Eindruck vom Aussehen der Shinden-Paläste und Gärten vermitteln. In Nara hat man eine umfangreiche Rekonstruktion begonnen, die im Laufe einiger Jahre Paläste und Wohnsitze der nara-zeitlichen Hauptstadt Heijōkyō wieder zum Leben erwecken wird. Zwar hatte sich zu jener Zeit der reife Shinden-Stil noch nicht entwickelt, doch die Grundlagen gab es bereits. Die oben beschriebenen Gebäude des kaiserlichen Palastes (Gosho) in Kyoto zählen zum ausgereiften Stil der Shinden-Architektur. Weitere Rekonstruktionen von Shinden-Architektur und Gärten findet man in den Tempelanlagen Daikakuji und Ninna-ji sowie am Heian-Schrein.

Daikaku-ji

Seiten 74/75: Blick auf die Nordwestecke des Osawa-Teichs. Das Gebäude auf der rechten Seite heißt Gomadō – Heilige Räucherhalle. Hier wird auf einem Altar Zedernholz-Räucherwerk abgebrannt. Die zinnoberrote Pagode Shingyō Hōtō, die rechts über die Baumwipfel aufragt, beherbergt Abschriften des Herz-Sutra (Prajnaparamita Sutra).

Unten: Eine kleine Insel und Felseninselchen am nördlichen Ende des Osawa-Teichs. Am jenseitigen Ufer liegt die Haupthalle (*hondō*) des Daikaku-ji-Tempels.

Daikaku-ji war ursprünglich ein abgeschiedener Palast, der um 834 als Ruhesitz des Saga-Kaisers errichtet wurde. Südöstlich des Palastes lag ein weitflächiger Shinden-Garten mit einem 2,4 ha großen, künstlichen See, der nach dem Vorbild des Dongting-Sees in China gestaltet war. Obwohl der Palast heute nicht mehr existiert, blieb mit dem Ōsawa-Teich wohl die vollständigste Teichanlage aus der Heian-Zeit erhalten.

Geschichte

Vor etwa 1200 Jahren – während der Heian-Zeit – ereignete sich in Japan eine schlimme Epidemie. Kōbō Daishi, der Begründer des esoterischen Shingon-Buddhismus, schlug vor, dass der Saga-Kaiser als Fürbitte eine Kopie des Herz-Sutra (Hannya Shingyō) anfertigen lassen solle. Es heißt, dass sich nach Abschluss dieser Arbeit das Land schnell erholte. Im Jahr 876 machte der Kaiser den Palast zu einem Tempel des Shingon-Buddhismus. Die vom Kaiser beauftragte Sutrenkopie ist bis heute erhalten und wird der Öffentlichkeit einmal alle 60 Jahre vorgeführt, das nächste Mal im Jahre 2018. Noch immer kommen viele Menschen täglich in den Tempel Daikaku-ji, um das Sutra abzuschreiben. Bis heute wurden etwa sieben Millionen Abschriften angefertigt.

Nach dem Saga-Kaiser zogen sich auch andere Kaiser in den Daikaku-ji-Tempel zurück. Der ursprüngliche Palast wurde zwar zerstört, aber Kaiser Gomizuno-o stiftete in der frühen Edo-Zeit ein Gebäude aus der Momoyama-Zeit, das sich bis dato auf dem Gelände des Kaiserpalastes in Kyoto befand. Das strohgedeckte Gebäude im Shinden-Stil wurde als Ersatz für den alten Palast auf dem Gelände des Daikaku-ji aufgestellt. Traditionsgemäß liegt das Gebäude in einem mit Kies bedeckten Hof in direkter Nachbarschaft zum Teich. Die Schiebetüren der Shinden-Halle sind mit momoyama-zeitlichen Bildern der Kanō-Schule dekoriert. Auch die zu Beginn des 20. Jahrhunderts aus dem Kaiserpalast in Kyoto versetzte Halle des Patriarchen und der Hondō (Haupthalle) am Ōsawa-Teich blicken auf diesen Hof.

a Kiesbedeckter Hof
b Shinden (Palast)
c Miedō (Halle des Patriarchen)
d Hondō (Haupthalle)
e Osawa-Teich
f Gomadō (Heilige Räucherhalle)
g Shingyō Hōtō (Reliquienpagode für das Herz-Sutra)

Der Teichgarten

Der Garten des Daikaku-ji besteht aus dem Teich und der darum herum gestalteten Landschaft mit Wegen. Die Gartenanlage wurde im Stil eines *chisen shūyū* angelegt – ein Garten, der von einem Boot aus besichtigt wird. Diese Perspektive lässt den Garten größer wirken als er tatsächlich ist.

Für den Ōsawa-Teich wurde ein Wasserlauf angestaut, der sich aus dem nördlich des Geländes gelegenen Nakoso-Wasserfall speist. Im nördlichen Teil des Teiches liegen zwei unterschiedlich große Inseln, die kleinere ist als Chrysanthemeninsel bekannt. Zwischen den Inseln sind Felsinselchen so aufgereiht, dass sie wie Boote an einer Mole aussehen. Diese Gestaltung wurde bekannt als *yodomari-ishi* – Steine, an denen die Nacht vertäut ist.

Eine Ansammlungen von Felsen am Hügel nördlich des Teichs versinnbildlicht einen »trockenen Wasserfall« (*karedaki*), vermutlich die älteste bislang in Japan entdeckte Komposition dieses Typs. Wie in den später entstandenen Trockenlandschafts-(*karesansui*) Gärten der Zen-Tempel, werden fließendes Wasser und Wasserfall durch kunstvoll arrangierte Steine dargestellt.

Die mit Stroh- und Ziegeldächern gedeckten Gebäude der Tempelanlage Daikaku-ji heute sind keineswegs ein Abbild der originalen Palast- und Gartenanlage aus der Heian-Zeit. Dennoch bewahrt der Tempel viele Merkmale der traditionellen Shinden-Architektur: Es gibt durch Wandelgänge verbundene Hallen, die Hauptgebäude liegen in einer Hofanlage mit Kiesfläche, und zwischen den Gebäuden finden sich kleine Hofgärten (*tsuboniwa*).

Von besonderer Bedeutung ist der Ōsawa-Teich. Nicht nur eine der wenigen Teichanlagen aus der Heian-Zeit, ist er zudem berühmt für die zahlreichen Kirschbäume, die das Ufer im Frühjahr mit reicher Blüte zieren. Jedes Jahr im Herbst so um die Zeit des Äquinox findet ein dreitägiges Mond-Fest statt, um den Mond zu genießen. Dann fahren bunt geschmückte Drachenboote mit reich gewandeten Tänzern und Musikern über den Teich, im Anklang an die Vergnügungsbootspartien der Adligen in der Heian-Zeit. Teich und Garten des Daikakuji sind eines der beliebtesten Ausflugsziele der Bevölkerung von Kyoto.

Oben: Die Tempelanlage Daikakuji ist ein weitläufiger Komplex, dessen Vorbild in der shinden-Architektur der Heian-Zeit liegt. Der Tempel liegt am Osawa-Teich, einem der wenigen aus der Heian-Zeit erhaltenen Gartenteiche. Die Hauptgebäude der Anlage befinden sich in einem kiesbedeckten Hof.

Unten: Dieser verhältnismäßig große Hofgarten zwischen den Gebäuden des Daikaku-ji wurde mit Teich, geschnittenen Sträuchern und Felsarrangements gestaltet.

Ninna-ji

Unten: Ansicht des Nördlichen Gartens des Ninna-ji aus der Richtung der Haupthalle (shinden). Die zwei Teehäuser liegen im hügeligen Bereich hinter dem Teichgarten.

Gegenüber oben: Der Nördliche Garten ist auf zwei Ebenen gestaltet, die flache Anlage mit Sand- und Wasserfläche und im Kontrast dazu der Hügel mit Bäumen und Sträuchern. Hinter dem Teich sieht man die Dächer des Hitōtei-Teehauses.

Gegenüber unten: Im Gegensatz zum Nördlichen Garten ist der Südliche Garten einfach gestaltet, eine Fläche mit weißem Sand und einer berühmten Kiefer, deren untere Äste besonders weit in die Horizontale ragen. Die fünf weißen Streifen auf der Mauer zeigen den einstigen kaiserlichen Status der Tempelanlage an.

Der Tempelkomplex Ninna-ji wurde im Jahre 888 zur Abdankung des Kaisers Uda fertiggestellt. Uda war der erste Abt des Klosters. Obwohl die Anlage im 15. Jahrhundert niederbrannte, behielt der Wiederaufbau der Edo-Zeit ursprüngliche Elemente der Shinden-Architektur bei. Die Gebäude gruppieren sich um einen Hof mit Kiesfläche und es gibt einen großflächigen Teichgarten, den die Adligen für Bootspartien und das Betrachten des Mondes nutzten.

Geschichte

Ninna-ji war die früheste Anlage eines Adelstempels (*monzeki*), dessen Abt ein Angehöriger der kaiserlichen Familie oder ein hochrangiger Adliger war. In der Meiji-Zeit wurden diese Adelstempel nicht weitergeführt, doch fünf weiße Streifen auf den Mauern zeigten den kaiserlichen Status weiter an. Ninna-ji brannte während des Ōnin-Krieges (1467–77) nieder, wurde aber während der Edo-Zeit rekonstruiert. Ninna-ji bestand ursprünglich aus mehr als 60 Tempeln, wurde aber in bescheidenerem Rahmen wieder aufgebaut.

Heute ist Ninna-ji der Sitz der Omuro-Schule, einer Glaubensrichtung des Shingon-Buddhismus, sowie das Zentrum des Omuro-Ikebana. Im Jahre 1994 wurde Ninna-ji zum Weltkulturerbe der UNESCO erklärt.

Drei Anlagenbereiche

Ninna-ji ist in drei Bereiche gegliedert, den Nördlichen, den Südwestlichen und den Südöstlichen Bereich. Die wichtigsten aus der Edo-Zeit erhaltenen Gebäude sind das Haupttor zum Anlagenkomplex (Niō-Tor) sowie drei Gebäude innerhalb des Nördlichen Bereichs: die fünfgeschossige Pagode, Kondō (Haupthalle) und Miedō (Patriarchenhalle). Die beiden letztgenannten Gebäude stammten aus dem kaiserlichen Palast (Gosho) in Kyoto, den man gerade zu jener Zeit wieder einmal neu errichtete. Vor dem Neuaufbau in Ninna-ji dienten Kondō und Miedō innerhalb des Palastes als Shishinden und Seiryōden – sie waren die wichtigsten Palasthallen.

Das Hauptgebäude des Südwestlichen Areals ist die mit Rinde eingedeckte Shinden-Halle, ursprünglich Tsune Goten genannt und ebenfalls innerhalb des Kaiserpalastes gelegen. Die Shinden-Halle wurde im Jahr 1630 aus dem Gosho-Palast nach Ninna-ji an die Stelle von Kaiser Udas Wohnanwesen versetzt, als auch Kondō und Miedō in den Östlichen Bereich des Ninna-ji versetzt wurden. Tsune Goten brannte 1887 ab, wurde aber kurz darauf wieder aufgebaut.

Der Südöstliche Bereich

In Zusammenhang mit dieser Darstellung nimmt der Südwestliche Bereich die wichtigste Rolle ein. Es handelt sich um einen Bereich mit einem Architekturkomplex im Shinden-Stil, wo auch die Shinden-Halle liegt. Im Süden der Halle erstreckt sich ein kiesbedeckter Zugangshof. Er ist besonders für eine Kiefer berühmt, deren untere Äste sich nach kunstvollem Schnitt besonders weit ausbreiten. Nördlich der Haupthalle (*shinden*) liegt ein im 14. Jahrhundert angelegter Teichgarten. Seinerzeit war der Hof in rivalisierende Dynastien gespalten. Es heißt, der Garten sei um 1690 von den so genannten »steinsetzenden Priestern« weitgehend renoviert worden. Ninna-ji war der Sitz einer der beiden berühmten Gruppen von Steingestaltern. Die zweite, die so genannte Saga-Schule, bestand aus Anhängern des einflussreichen Zen-Mönchs Musō Soseki. Vermutlich haben die Paradiesgärten der Heian-Zeit und die Zen-Gärten der Muromachi- und Momoyama-Zeit die Rekonstruktion stark beeinflusst. Die Gesamtanlage jedoch zeigt den Shinden-Stil: Es gibt durch Wandelgänge verbundene Hallen, kleine Gartenhöfe und eine Fläche weißen Sandes zwischen dem Hauptgebäude und dem Teich.

Gestaltungselemente des Gartens

Der Teich wird aus einem Wasserfall gespeist. Eine Steinbrücke teilt ihn in zwei Abschnitte. Die weiße Sandfläche zwischen Teich und Haupthalle ist in Anlehnung an die Trockengärten (*karesansui*) im Zen-Stil zu einem Muster paralleler Linien gerecht. Zwischen Sandfläche und Teich liegt eine Grasrabatte. Am jenseitigen Teichufer wird die Grasrabatte durch sorgfältig geschnittene Sträucher akzentuiert. Das Teichufer ist unregelmäßig mit Steinen

gestaltet, und wie zufällig liegt der eine oder andere Stein im Teich selbst. Hinter dem Teich ragt ein dicht begrünter Hügel mit zwei Teehäusern (Hitōtei und Ryōkakutei) auf. Die perspektivische Tiefenwirkung wird durch Verengen des zur Brücke führenden Pfades und durch das Rückschneiden der halbhohen Bäume am Hügel verstärkt. Die Spitze der im Nördlichen Bereich gelegenen Pagode lugt hinter dem Hügel hervor – ein Beispiel für die Gestaltung einer geborgten Landschaft (*shakkei*), die einem Garten zusätzliche räumliche Tiefe verleiht.

Der Garten ist ein gelungenes Beispiel für die Gestaltung einer größer wirkenden, harmonischen Anlage durch Vordergrund (gerechter Sand), Mittelgrund (Teich) und Hintergrund (begrünter Hügel und Pagode). Der ursprüngliche Garten diente zum Umherwandern. Der später gestaltete Garten sollte jedoch von der Veranda der Haupthalle oder von anderen Gebäuden und den teils am Teichufer verlaufenden Wandelgängen aus betrachtet werden.

Heian-Schrein

Oben: Die große Hoffläche vor der Staatshalle (Daigokuden) ist von weißem Kies bedeckt. Links sieht man den »Turm des weißen Tigers« (Byakkorō).

Unten: Die Anlage des Heian-Schreins (Heian Jingū). Hinter der Halle Daigokuden liegt ein Hondō, in dem die Herrscher Kammu und Kōmei verehrt werden. Vor der Halle Daigokuden erstrecken sich zwei Höfe mit Kiesflächen – der Innere und der Äußere Hof. Der ummauerte Schrein ist von vier miteinander verbundenen Gärten umgeben.

a Heian-Garten (Südgarten)
b Westgarten
c Honden (Hauptschrein)
d Staatshalle
e Mittlerer Garten
f Shōbikan (Gästehaus)
g Ostgarten
h Taiheikaku (Brücke)
i Neuer Bereich
j Ōtenmon (Tor)

Der Heian-Schrein (Heian Jingū) wurde zum 1100. Jahrestag der Stadtgründung von Heiankyō (das heutige Kyoto) errichtet. Im weiträumigen Komplex steht ein in der Größe um etwa ein Drittel reduzierter Nachbau der dritten Großen Staatshalle (Daigokuden), die im Jahr 1072 auf dem ursprünglichen Palastgelände errichtet war. Die Bauten, die auf drei Seiten von Gärten umgeben sind, lassen die Hauptmerkmale der heian-zeitlichen Shinden-Architektur erahnen.

Die Gebäude

Die Große Staatshalle ist durch geschlossene Wandelgänge mit dem Turm des weißen Tigers und dem Drachenturm sowie zwei weiteren Bauten verbunden. Dadurch entsteht ein ummauertes Geviert, das man durch ein zweigeschossiges Tor (Ōtenmon) von Süden her betritt. Hinter der Palasthalle liegt der Hauptschrein, der den Kaisern Kammu und Kōmei – dem ersten und dem letzten von Kyoto aus herrschenden Kaiser – gewidmet ist. Die Gebäude wurden mit grün glasierten Ziegeldächern, zinnoberrot gestrichenen Säulen und weiß verputzten Wänden in chinesischem Stil errichtet. Der große Innenhof ist wie in der Heian-Zeit mit hellem Kies bedeckt. 1940 begannen umfangreiche Renovierungsarbeiten, die 1979 abgeschlossen waren.

Umgebung

Drei der vier Gärten des Gartengürtels (Westgarten, Mittlerer Garten und Ostgarten) wurden von dem berühmten Landschaftsgestalter Ogawa Jihei in der Meiji-Zeit gestaltet. Man wählte Ogawa aufgrund seiner besonders gelungenen Anlage des Murin-an-Gartens aus. Gestaltungsziel war nicht die Kopie eines heian-zeitlichen Westlichen Paradieses (Paradiesgartens), sondern die Gestaltung eines Wandelgartens. Mit dem Bau der Anlage begann man 1894, die Fertigstellung erfolgte 1913.

Der südlich des Westgartens gelegene, so genannte Heian-Garten wurde 1968 fertig gestellt. Dort stehen neben einem berühmten Kirschbaum in Trauerform vor allem Pflanzen, die in der Literatur der Heian-Zeit erwähnt sind. Keiner der vier genannten Gärten kann als authentische Kopie des heian-zeitlichen Gartenstils gelten. Sowohl Einflüsse der meiji-zeitlichen Wandelgärten als auch des ästhetischen Empfindens jener Zeit – eine Mischung aus japanischem und westlichem Geschmack –, sowie Gestaltungsideen aus der jüngeren Vergangenheit sind gleichermaßen zu erkennen. Die Gärten sind jedoch ansprechend gestaltet und vor allem der Ostgarten vermittelt Aussehen und Wirkung eines Gartens im Stil der Shinden-Architektur. Insgesamt nehmen die vier für ihre jahreszeitliche Veränderung berühmten Gärten von 3,3 ha Fläche ein.

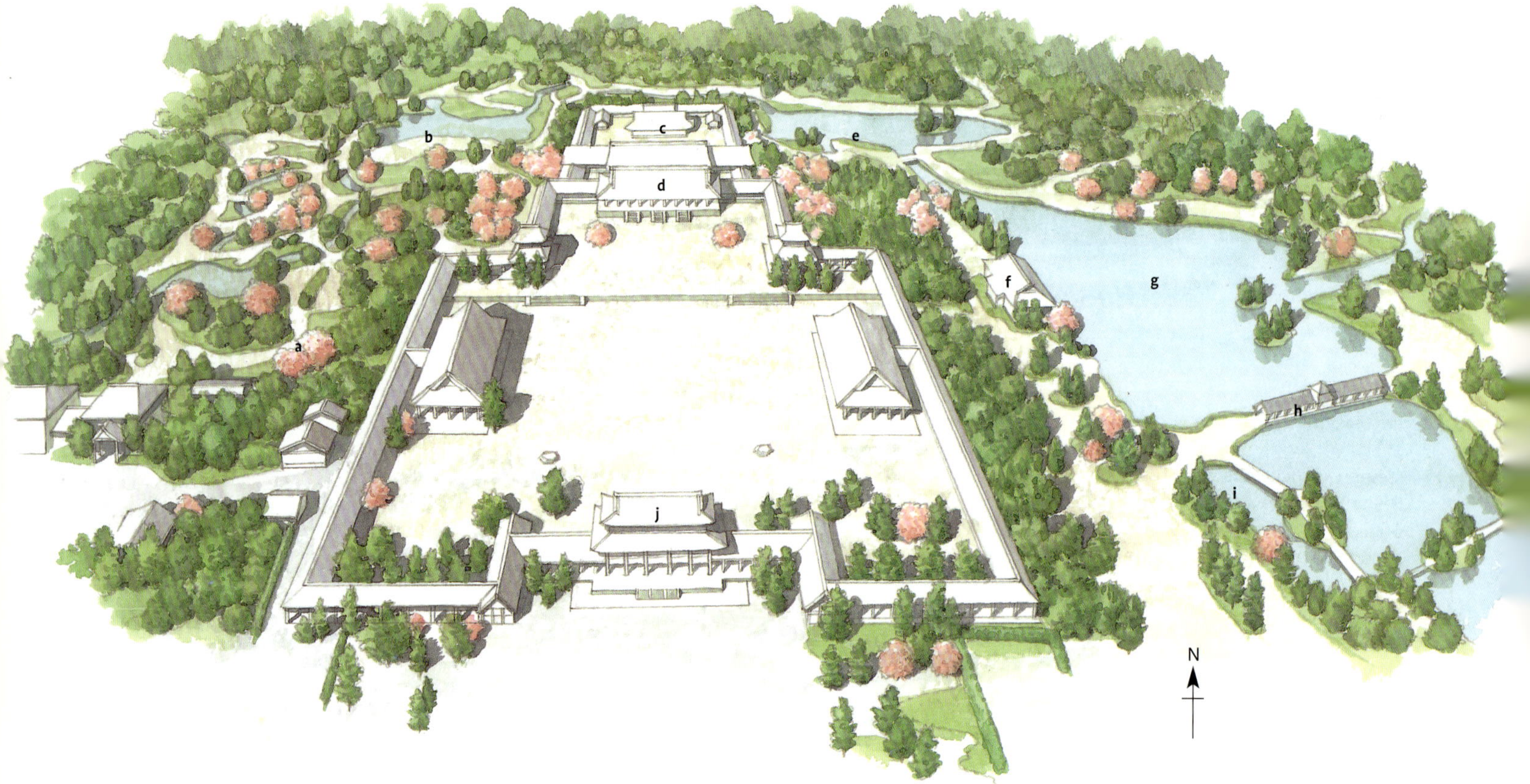

Westgarten und Mittlerer Garten

Im Westgarten liegt der so genannte Teich des weißen Tigers. Umstanden von Kirschbäumen und Weiden in Trauerform, blühen alljährlich im Juni etwa tausend Sumpf-Schwertlilien im Teich. Am nördlichen Ende des Teiches sind eine kleine Insel und ein Wasserfall gestaltet. Der gesamte südwestliche Bereich des Gartens wird von einem künstlichen Hügel eingenommen. Auf dessen Gipfel liegt das Teehaus Chōshintei, wo einmal im Monat eine Teezeremonie stattfindet.

Ein von Bäumen gesäumter Weg entlang eines Wasserlaufs führt die Besucher vom Westgarten zum Drachenteich im Mittleren Garten. Der Drachenteich mit seiner Vielzahl Felsinselchen ist mit einer weiteren Irisart bepflanzt. Im Drachenteich liegt außerdem eine berühmte Brücke aus Trittsteinen (Brücke des gewundenen Drachen). Die Steine stammen von den Stützpfeilern der im 16. Jahrhundert erbauten Sanjō- und Gojō-Brücken in Kyoto, die ein Erdbeben zerstörte. Sie versinnbildlichen das Rückgrat eines Drachens. Es heißt, wenn man auf der Brücke steht und die Wolken im Spiegel der Wasseroberfläche betrachtet, dann fühlte man sich, als ob man auf einem Drachen durch die Lüfte ritt.

Oben: Etwa tausend Asiatische Sumpf-Schwertlilien zieren das Ufer des Drachen-Teichs. Sie stehen Mitte Mai in voller Blüte.

Links: Die berühmte Brücke aus Trittsteinen im Drachen-Teich. Sie symbolisiert das Rückgrat des Drachen.

Der Ostgarten

Der Ostgarten ist um den Seihōke-Teich herum angelegt. Über den Teich erstreckt sich eine gedeckte Brücke in chinesischem Stil (Taiheikaku). In der Mitte der Brückenkonstruktion erhebt sich ein Pavillon, der 1912 aus dem Gosho-Palast hierher versetzt wurde. Die Brücke, die dem über dem Gartenteich gelegenen Fischer-Pavillon der Shinden-Architektur ähnelt, wird von einem Phönix bekrönt.

Das am westlichen Teichufer gelegene Gästehaus (Shōbikan) stammt ebenfalls aus dem Gosho-Palast. Betrachtet man die Anlage vom gegenüberliegenden Teichufer, so wirken Brücke und Gästehaus zusammen wie ein Wohnanwesen mit Garten im Shinden-Stil. Der Bereich um den Teich ist reich mit Ahornbäumen und Buschklee bepflanzt.

Um den Eindruck von Tiefe zu vermitteln, nutzte man im Ostgarten die geborgte Landschaft: über der Taiheikaku-Brücke ragt der Berg Higashi auf. Zudem finden sich im Ostgarten eine große Steinlaterne, ein Wasserfall und eine Inselgruppe von Kranich- und Schildkröteninsel. Auf diese Art trägt der in der Moderne geplante Garten durch die Verwendung historischer Techniken und Motive dazu bei, den Heian-Schrein mit jener Vergangenheit zu verbinden, die im Schrein verehrt wird.

Südlich des Ost-Gartens erstreckt sich eine von Nakane Kinsaku, dem Gestalter des Adachi-Museumsgartens (Seite 165–167), geplante Erweiterung. Die Hauptattraktion dieses Gartenbereiches ist ein kleiner Teich, dessen Ufer kunstvoll durch Steinarrangements ausgestaltet wurde.

Der Garten des Heian-Schreins wirkt wie ein schwer einzuordnender Flickenteppich. Was dieses ehrgeizige Projekt zusammenhält ist der Wasserlauf, der die gesamte Anlage durchzieht und der von überall aus zu sehen ist, wenn man auf den schattigen Wegen umhergeht.

Oben: Shibōkan, ein Gebäude im Shinden-Stil mit Dach aus Zedernrinde, wurde 1913 aus dem Gosho-Palast hierher versetzt.

Gegenüber: Der Blickpunkt des Ostgartens ist eine gedeckte Brücke – Taiheikaku – die dem Fischerpavillon eines Shinden-Anwesens aus der Heian-Zeit stark ähnelt.

Esoterische Gärten und Paradiesgärten

Gegenüber: Der Tempel Sanzenin der Tendai-Schule im Dorf Owara nahe Kyoto hat vieles von seiner ursprünglichen Lage inmitten des Waldes bewahrt, doch sind ein kleiner Teich, Büsche, Blumen und Moosflächen zur Gestaltung hinzugetreten.

Unten: Blick über den Teich auf das Tor des Tempels Enjōji in Nara. Hier liegt einer der wenigen in Japan erhaltenen historischen Lotosteiche.

Die Einführung des esoterischen Buddhismus in der Anfangsphase der Heian-Zeit und etwas später die Verbreitung des Buddhismus des Reinen Landes (Amida-Buddhismus) müssen als zwei der wichtigsten Entwicklungen der Heian-Zeit gelten. Esoterisch-buddhistische Klöster wurden oft in abgelegenen Berggegenden gegründet und die umliegenden Wälder lieferten das natürliche Gartenambiente. Im Gegensatz dazu gestaltete man in den Klöstern des Reinen Landes einen formalen, so genannten Paradiesgarten um einen geheiligten Lotosteich herum.

Esoterischer Buddhismus

Eine der einflussreichsten Entwicklungen der frühen Heian-Zeit war die Einführung des esoterischen Buddhismus aus China. Dadurch erhielten die Künste jener Zeit, insbesondere Architektur, Plastik und Malerei starke Anregungen. Die esoterischen Schulen wie Tendai und Shingon, die die geheime Überlieferung der buddhistischen Lehren betonten, errichteten ihre Klöster und Tempel bevorzugt in den Bergen, um einen ruhigen Ort zum Studium der Schriften und zur Meditation zu haben. Im Gegensatz zu den großen buddhistischen Tempelanlagen in Nara – Tōdai-ji und Hōryū-ji – mit ihren ummauerten Höfen und Kiesflächen waren die Gebäude der esoterischen Tempel nicht eingefriedet.

Zwei der wichtigsten esoterischen Tempelanlagen sind Enryakuji, das Mutterkloster der Tendai-Schule auf dem Berg Hiei, und Kongōbuji auf dem Berg Kōya – eines der Patriarchenklöster des Shingon-Buddhismus. Manche esoterischen Tempelanlagen ziehen sich an Berghängen entlang. Die Gebäude sind auf terrassiertem Gelände errichtet, von Bäumen umstanden und durch lange Treppen miteinander verbunden. Als ihre »Gärten« dienen die sie umgebenden Waldflächen, nicht eigens angelegte oder angepflanzte Bereiche. Andere esoterische Tempelanlagen nutzen ebenfalls die naturgegebenen Waldflächen, haben jedoch einige weitere Elemente wie kleine Teiche, Büsche und Dekorationsgegenstände in Form von Laternen oder Figuren hinzugefügt. Ein gutes Beispiel für eine derartige Anlage ist Sanzenin in der Nähe des Bergdorfes Ohara bei Kyoto. Die üppig grünen Umgebungen haben eine auffällig andere Wirkung als die aufgeräumten Höfe der nara-zeitlichen Tempel.

Der Buddhismus des Reinen Landes

In der ausgehenden Heian-Zeit, auch bekannt als Fujiwara-Zeit, löste Japan zahlreiche Verbindung zum Kontinent und entwickelte eine eigene kulturelle Identität. Die Angehörigen des Herrscherhauses waren von weiten Teilen der Bevölkerung durch die Hierarchie streng getrennt. Sie verbrachten ihre Zeit mit Vergnügungen und den schönen Künsten. Das brachte einerseits die Entwicklung der japanischen Literatur, Architektur und Kunst voran, führte aber auch zu einer gewissen moralischen Dekadenz und rief damit in ganz Japan umherziehende Priester wie Kūja auf den Plan, die die Verlockungen eines strahlenden Paradieses und die Gefahren einer qualvollen Hölle predigten. Ein anderer Mönch namens Genshin legte allerorts die Lehre von der Anbetung des Amida-Buddha aus, die jedermann eine Wiedergeburt im Reinen Land Jōdo (auch Westliches Paradies) versprach, wenn man nur den Namen Amida in gläubiger Überzeugung anrief. Diese Lehren fanden zuerst innerhalb der Aristokratie und später in der gesamten Bevölkerung größten Anklang.

Mōtsū-ji in Nordost-Japan wurde im 9. Jahrhundert durch den Mönch Ennin zum Andenken an jene Krieger errichtet, die bei der Unterwerfung der Ureinwohner des Gebietes im Kampf gefallen waren. Nach dem Vorbild des Byōdo-in in Kyoto bestand der Tempelkomplex ursprünglich aus 40 um einen Paradiesgarten (Jōdo-Garten) angeordneten Gebäuden. Die Haupthalle, von welcher nur die Fundamente erhalten sind, lag nördlich des Lotosteiches. Im Süden hatte man ein großes Tor (Nandaimon) errichtet. Der Teich gilt als besterhaltenes Beispiel eines Gartens aus der Heian-Zeit.

a Fundamente der Haupthalle (Kondō)
b Fundamente der Sutrenhalle (Kyōzō)
c Fundament des Glockenturms (Dōrō)
d Insel Nakajima
e Daisen-Teich (Daisenchi)
f Fundamente des Tores (Nandaimon, wörtl. Großes Südtor)

Paradiesgärten

Wohl zum Teil als Reaktion auf die Auslegungen von Priestern wie Kūya oder Genshin, begannen Angehörige der Adelsschicht mit dem Bau von Amida-Tempeln innerhalb und im Einzugsbereich der Hauptstadt Heiankyō. Die Darstellung des Reinen Landes auf dem Taima-Mandala zeigt einen Ort mit Lotosteich und Amida Nyorai, den Retter aller menschlichen Seelen, auf einem erhöhten Sitz. Die Adeligen versuchten, diese Szene innerhalb ihrer eigenen Wohnanwesen nachzustellen, indem sie eine Buddhahalle vor einem Lotosteich errichteten: so genannte Paradiesgärten.

Die Wohnanwesen im Shinden-Stil und die Teichgärten der frühen Heian-Zeit dienten den Gestaltern als weitere Ideengeber. Die Verschmelzung der Vergnügungsteiche der Shinden-Paläste mit den religiös inspirierten Lotosteichen brachte einige der wohl interessantesten Gärten Japans hervor, die aber meistenteils nicht mehr existieren. Das Erkennungsmerkmal eines Paradiesgartens war eine große, im Lotosteich gelegene Insel (*nakajima*). Manchmal gab es eine Bühne, um religiöse Zeremonien durchzuführen. Auf anderen *nakajima* wiederum war die Buddhahalle selbst errichtet.

Die berühmteste Buddhahalle eines bis heute erhaltenen Paradiesgartens ist die im Jahre 1053 in Uji nahe Kyoto errichtete Phönix-Halle des Byōdō-in. Sie liegt auf einer Insel im Westteil des Lotosteiches. Die Schauseite der Halle ist nach Osten hin ausgerichtet. Ursprünglich versammelten sich die Betenden auf einer östlich der Halle angelegten Plattform im Teich mit Blick nach Westen auf die Phönix-Halle.

Andere aussagekräftige Beispiele für Paradiesgärten liegen in den Anlagen des Enjō-ji (Nara), Hōkongō-in (Kyoto), Mōtsu-ji (Hiraizumi im Nordosten Japans) und im Garten Shiramizu Amida-dō (Iwaki). Spätere Epochen brachten andere Gestaltungsstile für die Gärten des Reines Landes (Jōdo-Gärten) hervor.

Sakuteiki – ein Gestaltungshandbuch

Die Kultur des Festlandes hatte einen starken Einfluss auf Japan. Die erste Welle kultureller Einflussnahme während der Asūka- und der Hakūho-Zeit verbreitete den Stil buddhistischer Tempelanlagen mit kiesbedeckten Höfen. Das verstärkte die in Japan ohnehin schon existierende Verwendung von Kies zur Markierung eines geheiligten Bereiches. Die zweite starke Welle, mit Höhepunkt in der frühen Heian-Zeit, machte die Landschaftsgärten mit Teichen, künstlichen Hügeln, Bepflanzung und Steinen bekannt. Viele dieser grundlegenden Ideen und Praktiken aus China und Korea, die sowohl die Gestaltung der Shinden- als auch der Paradiesgärten so nachhaltig beeinflussten, sind im ersten Gartenhandbuch der Welt – *Sakuteiki* – zusammengefasst. Es wurde gegen Ende des 11. Jahrhunderts von Tachibana-no-Toshitsuna (1028–1094) geschrieben.

Es stellt zu Beginn einige Grundprinzipien der Gartengestaltung dar und führt einige Themen näher aus. Eines der hervorgehobenen Grundprinzipien ist beispielsweise die »verstellte Aussicht«, wodurch ein räumlich beschränkter Garten größer und interessanter wirkt. Ein Beispiel für diese optischen Täuschungen ist die asymmetrische Anlage, die gerade Fluchten meidet. Gebäude, Wege, Brücken werden versetzt angeordnet. Daher gilt ein im Zickzack geführter Weg dem geraden Weg überlegen, weil er immer nur den Blick auf einen Ausschnitt freigibt und somit die wirkliche Dimension der Gartenfläche verbirgt. Weitere allgemeine Gestaltungsprinzipien sind beispielsweise die Modellierung des Gartens nach der Natur, die geschickte Verwendung der vor Ort schon vorhandenen Elemente (Felsen) und die Schaffung eines Gleichgewichts zwischen symmetrischen Elementen wie Mauern und der asymmetrischen Platzierung von Steinen, Inseln und Teichen. Die schöpferische Anwendung dieser chinesischen Techniken half, schließlich eine eigenständige Gartenkunst zu entwickeln.

Oben: Blick über den Teich des Paradiesgartens hinweg, Mōtsū-ji, Nordost-Japan. Am Ufer sieht man Drachenboote, die in der Vergangenheit bei zeremoniellen Darbietungen für die Gläubigen von Musikern verwendet wurden.

Links: Hōkongō-in in Kyoto ist ein Paradiesgarten, den Taikenmonin, die Konkubine des abgedankten Kaisers Toba, im Jahre 1129 auf dem Gelände eines früheren Klosters errichten ließ. Im Garten liegt ein großer Lotosteich. Am Westufer stand einstmals eine Buddha-Halle mit einer Figur des Amida Nyorai. Obwohl diese Amida-Halle nicht mehr existiert, blieb die Buddha-Figur erhalten. Sie steht heute in der hier gezeigten Haupthalle aus dem Jahre 1615. Südlich des Teiches gab es eine Anlage mit neun Amida-Buddha-Figuren. Nördlich des Teiches lag ein Wasserfall, den man 1970 bei einer Grabung entdeckte.

Sanzen-in

Oben: Ein besonderes Element des Yūseien ist die aus Natursteinen gefertigte Laterne mit hölzernem Lampengehäuse. Die Laterne illustriert den *wabi-sabi*-Charakter mancher Dekorationsgegenstände, die sich in ihre Umwelt bescheiden einfügen, ohne zu viel Aufmerksamkeit auf sich zu ziehen.

Unten: Der Hang östlich des Hauptkomplexes wurde in einem halb-natürlichen Zustand belassen: große Sicheltannen und Ahornbäume mischen sich mit blühenden Sträuchern und Steinen.

Gegenüber: Im Gegensatz zu dem natürlich wirkenden Yūseien-Garten, stehen im Shūhekien exakt geschnittene Büsche, umgeben von einer Hecke.

Seiten 88/89: Japanzedern und Ahornbäume umgeben die Haupthalle des Yūseien.

Sanzen-in, ein kleiner Tempel der Tendai-Schule, liegt im Bergdorf Ōhara nördlich von Kyoto. Im Gegensatz zu vielen anderen Tempeln des esoterischen Buddhismus ist Sanzenin von einer Mauer umgeben und hat einen formalen Garten sowie einen frei gestalteten Teichgarten. Sanzenin ist jedoch in erster Linie dafür berühmt, dass die bescheidenen, ungestrichenen Gebäude in einer natürlichen Umgebung aus alten Bäumen und reichen Moosflächen harmonisch aufgehen.

Geschichte

Ursprünglich lag der Tempel Sanzen-in nordöstlich von Kyoto auf dem Berg Hiei. Hiei ist die Heimstatt des Klosters Enryaku-ji, dem Mutterkloster der Tendai-Schule, die durch den Mönch Saichō (auch Dengyo Daishi, 767–822) begründet wurde. Frauen wurde der Zutritt zu der Anlage verwehrt, doch erlaubte man ihnen, den in der Nähe gelegenen Sanzen-in zu besuchen. Sanzen-in war ein so genannter *monzeki*, dessen Abt von der kaiserlichen Familie oder damit verwandten Adeligen bestimmt wurde. Im Jahre 1156 verlegte man den Sanzen-in nach Ōhara und schloss die Anlage mit dem dort existierenden Tempel Ōjō Gokurakuin zusammen. Letzterer war 985 von Genshin, dem stellvertretenden Abt des Enryaku-ji, gegründet worden. Genshin lehrte, dass die Sterblichen Erlösung finden würden, wenn sie den Namen des Amida-Buddha ausriefen. Diese Lehre wurde später von den Tempeln des Reinen Landes weiterentwickelt.

Sanzen-in besteht aus drei Hauptgebäuden. Die Empfangshalle des Abtes – Kyakuden – dient als Empfangsbereich für Besucher. Durch Wandelgänge mit der Kyakuden verbunden kommt man zur Shinden (Kaiserliche Halle), einer 1926 errichteten Rekonstruktion des Originals aus dem 16. Jahrhundert. Südlich der Shinden liegt die Haupthalle (oder Hondō) namens Ōjō Gokurakuin, einWiederaufbau aus dem Jahre 1143. Darin wird eine Figur des Amida-Buddha aufbewahrt, die von Genshin selbst geschnitzt worden sein soll.

Sanzen-in ist das Zentrum des Rezitationsgesanges *shōmyō* der Tendai-Schule. Jeweils am 30. Mai (Osenbōkō) findet der wichtigste *shōmyō* des Jahres statt, den man vom Gartenbereich des Yūseien aus genießen kann.

Yūseien

Der Hauptgarten – der Garten des Reinen Seins (Yūseien) – des Sanzen-in dehnt sich zwischen Kyakuden und Amida-Halle aus. Gegen Ende der Heian-Zeit wurde der dort existierende Garten zu einem so genannten Wandelgarten um einen Teich (*chisen-kaiyū-shiki teien*) umgestaltet, den man in der Edo-Zeit weiter ausbaute. In dem durch einen Wasserlauf gespeisten, lang gestreckten Teich liegen eine Schildkröten- und eine Kranichinsel. Am Ufer stehen sorgfältig geschnittene Sträucher. Obwohl ursprünglich als Mittelpunkt des Gartens gestaltet, wird der Teich von den anmutig gewachsenen Japanzedern und Ahornbäumen noch übertroffen, die den Teich und die Amida-Halle umgeben. Der reich mit Moosen bewachsene Waldboden wird durch eine roh behauene Steinlaterne akzentuiert. Die natürliche Stimmung des Yūseien zieht sich auch den Hang östlich des Hauptkomplexes hinauf. Dort kann der Besucher auf gewundenen Wegen durch alte Bäume, Blumen und Berggräser schreiten oder dem Bachlauf folgen, der den Teich speist. Sanzen-in ist besonders im Herbst beliebt, wenn das Ahornlaub sich strahlend färbt, oder im Winter, wenn ein dicker Schneemantel den Boden überzieht.

Shūhekien

Im späten 16. Jahrhundert wurde mit dem beim Bau des Shishinden im Kaiserpalast in Kyoto übrig gebliebenen Bauholz die Halle Kyakuden errichtet. Zu dieser Halle gehört ein formaler Garten – Shūhekien, der sich um die Süd- und Ostseite des Gebäudes herumzieht. Die Gestaltung des Gartens ist auf die reine Aussicht angelegt: Der Garten wird von drinnen durch die Schiebetüren der Halle Kyakuden betrachtet. Gestaltungselemente sind beschnittene Hecken und Büsche (*karikomi*), Steine, Moos und eine Steinpagode. Während der frühen Edo-Zeit wurde der Garten durch den Teemeister Kanamori Sōwa umgestaltet.

Byōdō-in

Byōdō-in, eine Tempelanlage der Schule des Reinen Landes, liegt in Uji, nahe Kyoto. Während der Heian-Zeit in Anlehnung an das Westliche Paradies des Amida-Buddha errichtet, ist der Tempel berühmt für seine auf einer Insel im Teich gelegene Phönix-Halle. Der Garten des Byōdō-in ist ein landschaftlich gestalteter Bereich mit Wegen, die dem Besucher eine Vielzahl von Blicken auf die Phönix-Halle und ihr Spiegelbild auf der Wasseroberfläche ermöglichen.

Geschichte

Im Jahre 1052 baute Fujiwara-no-Yorimichi einen von seinem Vater errichteten Landsitz in der Nähe Kyotos zum Tempel Byōdō-in um. Im darauf folgenden Jahr ließ er die Phönix-Halle (Hōōdō) auf einer Insel im Teich errichten, um dort eine Statue des Amida-Buddha aufzustellen. Im Laufe der folgenden zwei Jahrzehnte kamen weitere Gebäude hinzu, um das Westliche Paradies des Amida nachzustellen. Heute sind nur die Phönix-Halle und der wunderbare Teichgarten erhalten.

Als Yorimichi starb, waren 33 Gebäude, darunter sieben Pagoden, fertig gestellt. Glücklicherweise hat mit der Phönix-Halle das wichtigste Gebäude des Komplexes die wechselhaften Zeiten überdauert und es ermöglicht somit einen Einblick in den Architektur- und Gartenstil des Reinen Landes während der Heian-Zeit. Der Mittelpunkt des Gartens ist der Aji-Teich (Ajiike). Die ursprünglich weit größere Anlage galt als Ideal eines Gartens des Reinen Landes und wurde selbst in weit entfernten Gegenden wie Hiraizumi nördlich des heutigen Tokyo in Kopie errichtet.

In der Edo-Zeit erhielt die Amida-Halle den Namen Phönix-Halle – Hōōdō, weil sie durch die aus der heian-zeitlichen Shinden-Architektur übernommenen Wandelgänge mit Pavillon einem Vogel mit ausgebreiteten Flügeln stark ähnelte. Dieses zentrale Gebäude, dessen Dach ein Phönixpaar aus Bronze ziert, liegt auf der Nakajima-Insel inmitten des Teichs. Darin steht eine etwa 3 m hohe Sitzfigur des Amida auf einem Lotosthron. Der Buddha ist von 52 kleineren, auf Wolken schwebenden Bodhisattva-Figuren umgeben. Aus historischen Aufzeichnungen und Bildern wird deutlich, dass die Wände, Decken und Säulen über und über farbig gefasst und mit Blattgold verziert waren, um

Die Phönix-Halle liegt auf einer Insel inmitten eines unregelmäßig gestalteten Teichs. Zwischen der Phönix-Halle und der während der Kamakura-Zeit wieder errichteten Kannon-Halle steht eine Treillage aus Glyzinen.

das Westliche Paradies darzustellen. Heute zählen mit Ausnahme einer einzigen Figur alle Bodhisattvas sowie der große Amida zum japanischen Staatsschatz – ein Höhepunkt buddhistischer Kunst der Epoche.

Wenn die mächtigen Türflügel in der Gebäudemitte geöffnet werden, kann man über den Teich hinweg den meditierenden Amida-Buddha sehen. An den Tagen der Tag-und-Nacht-Gleiche im Frühling und Herbst geht die Sonne direkt im Osten vor der Phönix-Halle auf und die sich auf der Wasseroberfläche spiegelnden Strahlen erleuchten das Gesicht des Amida. An diesen Tagen geht die Sonne direkt hinter der Halle unter und deren Silhouette erscheint als Schatten auf der Wasseroberfläche. Die Phönix-Halle besucht man am besten am frühen Morgen, wenn der Teich still daliegt und noch nicht so viele Besucher vor Ort sind.

Der Garten

Im Jahre 1990 stellte man fest, dass es einst ein kleines Inselchen mit Kiesdecke zwischen der Nakajima-Insel mit dem Phönix-Pavillon und dem östlichen Ufer gegeben hatte. Diese Insel war durch zwei zinnoberrot gestrichene Holzbrücken mit der Hauptinsel und dem Ufer verbunden. Aufgrund dieses Befundes wurden Insel und Brücken rekonstruiert. Heute überspannt eine flache Brücke (*hirabashi*, siehe Seite 33) den Abschnitt vom Ufer zum Inselchen und eine Bogenbrücke (*soribashi*) führt zur Phönix-Halle weiter. Eine aus einer Steinplatte gemachte Brücke verbindet Nakajima mit dem Südufer des Teichs. Die Fläche vor der Phönix-Halle ist geteilt in einen Streifen mit weißem Sand und einen mit groben Flusskieseln, aufgelockert durch eine Steinlaterne und einige Felsen. Die Ufer des unregelmäßig angeleg-

Die Phönix-Halle spiegelt sich an einem ruhigen Frühlingsmorgen im Wasser des Aji-Teichs (Aji-ike).

Gegenüber: Der südliche Teicharm des Aji-ike mit Teichrosen und Rhododendron-Büschen am Ufer.

Links: Eine zinnoberrot gestrichene Bogenbrücke symbolisiert den Übergang vom Diesseits in das Westliche Paradies des Amida. Rechts im Bild sieht man eine Ecke der Wisteria-Treillage.

Unten links: Der moderne, mit Moos und Steinen gestaltete Garten neben dem Museumsgebäude ähnelt in seiner Einfachheit den Zen-Gärten.

Unten rechts: Diese vor der aktuellen Renovierung aufgenommene Bild zeigt, dass die Fläche vor der Phönix-Halle in drei Zonen gegliedert war: Kiesel, Sand und Gras. Um die Gestaltung dem historischen Bild weiter anzunähern, ist die gesamte Fläche nun mit Kies bedeckt.

ten Teichs sind mit Gräsern und Kiefern bepflanzt. Der südliche Teicharm dehnt sich in Richtung des Flusses Uji aus und schafft so einen abgeschiedenen Raum für unzählige Teichrosen. Das gesamte Teichufer ist in Form einer strandähnlichen Sandfläche gestaltet, was den Besuchern erlaubt, um den Teich herumzugehen und die Phönix-Halle mit ihrem Spiegelbild auf der ruhigen Wasseroberfläche von allen Seiten aus zu betrachten. Vom Teich aus gen Osten sieht man die Berge der Umgebung, ein gelungenes Gestaltungsbeispiel mit einer »geborgten Landschaft«.

Neben der Phönix-Halle und dem Teich gibt es im Garten einen Tempel für den Bodhisattva Avalokiteshvara (japan. Kannon). Direkt neben dem Tempel liegt eine Rasenfläche (Ōgi-no-shiba), wo der berühmte Krieger Minamoto Yorimasa im Jahr 1180 nach seiner Niederlage im Kampf gegen den Anführer der verfeindeten Taira-Sippe Selbstmord beging. Zwischen Kannon-Tempel und Teich liegt ein Glyzinenhain, der im Frühling üppig blüht.

Moderne Erweiterungen

Im Jahr 2001 wurde der Garten umgestaltet, um ihn dem Bild eines heian-zeitlichen Gartens noch weiter anzunähern. Man baute zudem ein brandsicheres Museum für die unersetzlichen Tempelschätze des Byōdō-in. Im Anschluss an das Museum dehnt sich ein von Miyagi Shun gestalteter, rechteckiger Gartenbereich aus. Die abstrakte Einfachheit dieses Moosgartens harmoniert gut mit der modernen Museumsarchitektur. Der neue Anlagenbereich ist unauffällig platziert, ohne die Wirkung von Phönix-Halle und Teichgarten zu stören.

Jōruri-ji

Jōruri-ji ist ein Tempel des Reinen-Land-Buddhismus nordöstlich von Nara. Der Garten umgibt einen großen Teich, in dessen Mitte eine Insel liegt, die die irdische Welt versinnbildlicht. Die Amida-Halle am Westufer symbolisiert das Westliche Paradies des Amida Nyorai und die dreigeschossige Pagode am Ostufer steht für das Östliche Paradies des Medizinbuddha Yakushi Nyorai.

Geschichte

Im Jahre 1047 (Heian-Zeit) entstanden, ist Jōruri-ji heute das einzige erhaltene Beispiel der einst so zahlreichen Paradies-Hallen mit neun Amida-Figuren. Jede versinnbildlicht eine Stufe des Nirwana. Die Halle wurde ursprünglich im Jahr 1107 an anderem Ort errichtet, dort jedoch abgeschlagen und 1157 als Ersatz eines älteren Gebäudes an das westliche Teichufer versetzt. Die Pagode wurde 1178 aus einem Tempel in der Stadt Kyoto an das östliche Teichufer des Jōruri-ji versetzt. Die Gesamtanlage versinnbildlicht einen Kosmos, bei dem die Erde zwischen dem Östlichen und dem Westlichen Paradies liegt. Der Teich steht für den Ozean, der Leben und Tod voneinander trennt. Yakushi Nyorai, der in der Pagode verehrt wird, wacht über das Leben der Sterblichen auf der Suche nach dem Westlichen Paradies. Er ist auch als Medizinbuddha bekannt, weil er eine Medizinflasche in seiner Linken hält. Beide Gebäude und die neun Amida-Figuren zählen zum japanischen Staatsschatz. Auch die beiden Steinlaternen aus dem Jahre 1366 am östlichen wie westlichen Teichufer werden als bedeutende Kulturgüter geschützt.

Der Garten

Ein Mönch aus dem Tempel Tōfuku-ji in Nara grub den Teich im Jahre 1150. Er wird von zwei Flüsschen aus den südlichen Bergen gespeist. Im Garten liegen zwei bemerkenswerte Felsgruppen, eine am nördlichen Ende der Insel, eine in der Nähe der Pagode. Eine Brücke, die aus einer Steinplatte gemacht ist, verbindet die Südspitze der Insel mit dem Festland. Die Teichufer sind relativ steil angelegt und mit vielfältigen Arten bepflanzt.

Im Jahre 1976 wurde unter der Leitung des bekannten Landschaftsgartengestalters Mori Osamu der Teich archäologisch untersucht und der Garten in der Gestaltung des 12. Jahrhunderts rekonstruiert. Für die Restaurierung waren umfangreiche Forschungen zu Teichgröße und -form sowie zu den in der Heian-Zeit verwendeten Pflanzen erforderlich. Jōruri-ji ist heute eines der besten Beispiele der in Japan in so geringer Zahl erhaltenen Paradiesgärten.

Ein verwandter Garten

Ein weiterer, derzeit im Wiederaufbau befindlicher Paradiesgarten ist Shiramizu Amidadō innerhalb der Tempelanlage Ganjō-ji in Iwaki. Die 1160 gebaute Amida-Halle des Ganjō-ji blieb original aus der Heian-Zeit erhalten. Der Paradiesgarten-Teich wird seit 1966 schrittweise rekonstruiert. Seinerzeit hatte man das Ensemble zum schutzwürdigen Nationalerbe erklärt. Nach der Fertigstellung wird Ganjō-ji hinsichtlich historischer Bedeutung und ästhetischem Wert mit Byōdo-in und Jōruri-ji wetteifern können.

Der Plan des Jōruri-ji mit der durch die Insel Nakajima versinnbildlichten Erde, die zwischen Westlichem (Amida-Halle) und Östlichem Paradies (Pagode) liegt. Der Teich steht für den Ozean, der Leben und Tod trennt. Auf der Insel liegt ein kleines Heiligtum, das der Glücksgöttin Benzai-ten geweiht ist.

Oben: Die Amida-Halle des Jōruri-ji ist so platziert, dass die am Ostufer stehenden Gläubigen beim Blick nach Westen den neun Amida-Figuren entgegensehen.

Links: Blick auf die in der Kamakura-Zeit restaurierte, von herbstlichem Laub gerahmte, dreigeschossige Pagode vom westlichen Teichufer aus.

Zen-Gärten

Der Zen-Buddhismus brachte zahlreiche kulturelle Aspekte der Südlichen Song-Dynastie (1127–1279) aus China nach Japan. Diese neue Ausprägung des Buddhismus beeinflusste an der Seite weiterer Faktoren die Wandlung der heianzeitlichen Teichgärten, die man zum Bootfahren nutzte, hin zu den frühen Wandelgärten und schließlich den reinen Kontemplationsgärten, die man vom Hauptgebäude eines Zen-Tempels aus betrachtete.

Einfluss des Zen-Buddhismus

Meditation war ein Hauptmerkmal früher buddhistischer Schulen in Japan, doch im 12. und 13. Jahrhundert (späte Kamakura-/frühe Muromachi-Zeit) kam der in China Chan-Buddhismus genannte Zen-Glaube in Japan auf. Im Gegensatz zu der verfochtenen und undurchdringlichen Thesenvielfalt früher entstandener Glaubensrichtungen und esoterischen Ritualisierung betonte der Zen-Buddhismus, die Vergegenwärtigung der täglichen Handlungen eines jeden. Dies schließt die Meditation (*zazen*) ein, dazu jedoch auch so alltägliche Verrichtungen wie das Gehen, sich Reinigen und Holzhacken.

Zen wurde begeistert von den Samurai aufgenommen, weil Zen den Tugenden Selbstdisziplin, Einfachheit und Ernsthaftigkeit größten Wert beimaß. Weiterhin beeinflusste Zen auch das ästhetische Empfinden und somit die intellektuellen und künstlerischen Anstrengungen. Zen-Mönche nahmen Kalligraphie, Tuschmalerei und die Gärtnerei in die Reihe ihrer Alltagsaufgaben auf, weil diese Aktivitäten als Meditationshilfe galten und halfen, eine tiefere Einsicht in das Wesen der Wirklichkeit zu erlangen. Zen beeinflusste maßgeblich die Entwicklung der ästhetischen Kategorien *wabi* – die Alterspatina – und *sabi* – Natürlichkeit, Einfachheit und Unvollkommenheit. Auch die Tee-Zeremonie und das No-Drama entwickelten sich durch Zen weiter, zwei durch das Unausgesprochene und Subtile gekennzeichnete Kunstformen. Und im gleichen Maße wirkte sich der Zen-Buddhismus auch auf neue, schlichte Formen der Gartengestaltung aus.

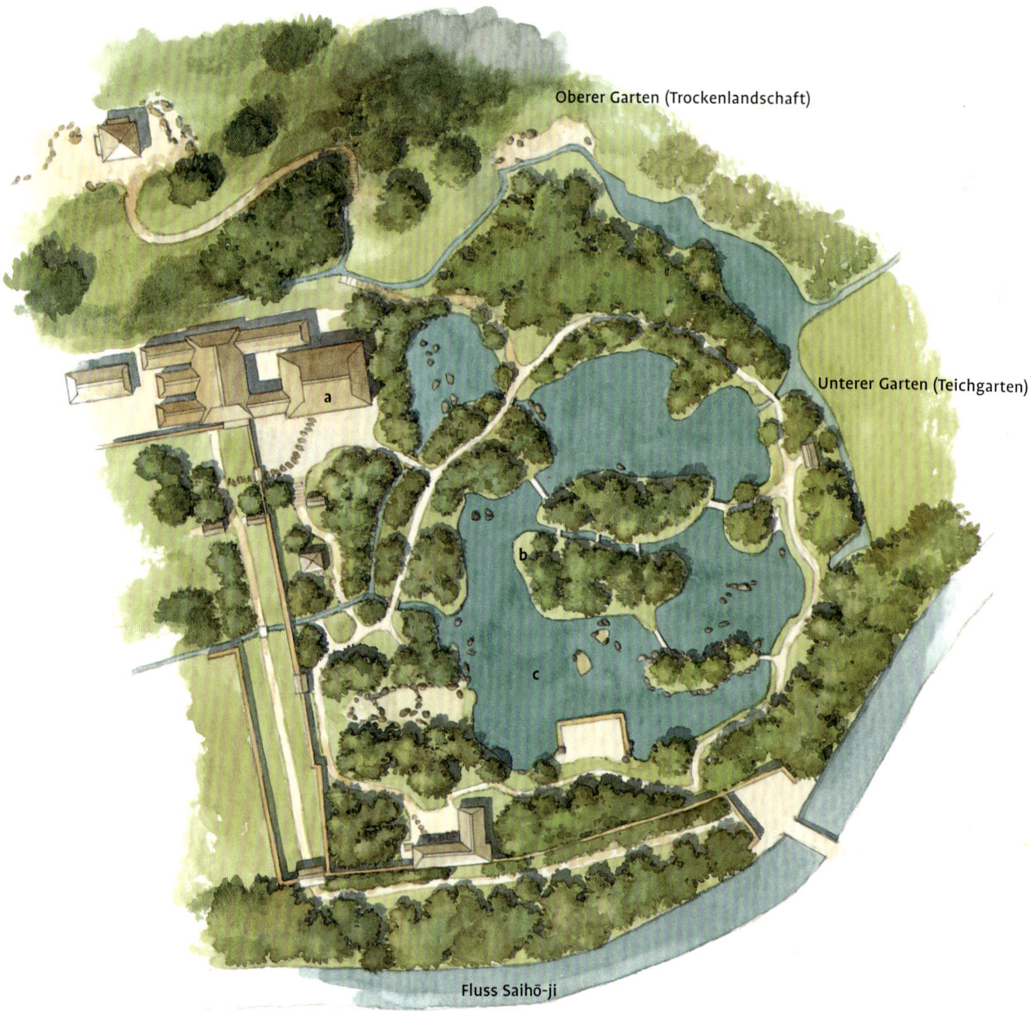

Oben: Der Tempel Saihō-ji mit einem Felsarrangement oben links und einem Gebäude am Teich unten rechts, wie ihn ein Druck im Gartenhandbuch *Tsukiyama Teizōden* (dt.: Von der Errichtung von Bergen und der Anlage von Gärten) darstellt.

Rechts und gegenüber: Saihō-ji in Kyoto, aufgrund der zahlreichen Moosarten besser als Moos-Tempel bekannt, stellt eine Übergangsform zwischen den Teichgärten der Heian-Zeit und den Zen-Gärten der Muromachi-Zeit dar. Die untere Hälfte ist als Teichgarten mit einigen Inseln gestaltet, die obere Hälfte zeigt einige Felsarrangements – die frühesten erhaltenen Beispiele der in den Zen-Gärten angewendeten *karesansui*-Technik.

a Haupthalle
b Mittlere Insel
c Goldener Teich

Die Entwicklung des Zen-Gartens
Anfangs waren die Gärten der späten Kamakura- und frühen Muromachi-Zeit nur Ableger der heianzeitlichen Teichgärten, die die Shinden-Paläste oder Tempel des Reinen Landes umgaben. Die Frühform der Gärten bei den Zen-Tempeln wie Tenryū-ji oder Saihō-ji in Kyoto erscheinen wie eine Variation der Paradiesgärten. Zwei weitere Zen-Tempel, die ebenfalls die Gestaltungsprinzipien der Shinden- und Paradiesgarten-Vorläufer mit Teich aufnahmen, waren der Goldene Pavillon Kinkaku-ji und der Silberne Pavillon Ginkaku-ji in Kyoto. Ursprünglich als Wohnsitz der Shogune errichtet, wurden sie später zu Zen-Tempeln umgestaltet. Dienten die großen Teiche der heian-zeitlichen Gärten noch für vergnügliche Bootspartien (*funa asobi, auch chisen-shūjū teien*), so veränderte sich mit der Muromachi-Zeit die Gartennutzung: Wandelgärten um einen Teich (*chisen-kaiyū-shiki teien*), also eine begehbare Gartengestaltung, die sich um einen Teich ausdehnt. Ergebnis dieser

Rechts: Die strenge Schlichtheit dieses *karesansui*-Meisterwerkes im Ryōan-ji, Kyoto, gilt vielen als das Paradebeispiel für einen ausgereiften Zen-Garten.

Unten: Eine Dame hält inne, um einen Sandkegel in einem kleinen Trockenlandschaftsgarten (*karesansui*) zu bewundern.

Gegenüber oben: Der Südliche Karesansui-Garten vor der Abtshalle (*Hōjō*) des Tōfuku-ji, eines Zen-Tempels in Kyoto. Der Garten wurde 1939 von dem bekannten Gartengestalter Shigemori Mirei entworfen, der seine Inspirationen aus der Gartenkunst der Kamakura- und Muromachi-Zeit bezog.

Gegenüber unten: Das oft in *karesansui*-Anlagen gestaltete Strudelmuster.

Nutzungsveränderung war die Verkleinerung der Teiche. Mit diesem Trend ging auch eine Veränderung der architektonischen Gestaltung einher. Der so genannte Shoin-Stil löste den Shinden-Stil ab. Ursprünglich bezeichnete *shoin* ein kleines Studierzimmer mit Blick auf den Garten innerhalb des Wohnanwesens des Abtes (*hōjō*). Wichtigster und charakteristischer Bereich eines *shoin* war eine alkovenähnliche Nische mit Schreibtisch in einer der Außenwände. Mit der Zeit veränderte sich der *shoin* zu einem Empfangsraum für ehrwürdige Gäste und der Garten des *hōjō* wandelte sich zu einem Ort der Kontemplation, zu einem Betrachtungsgarten, den man von drinnen mit den Augen genoss (*kanshō*), aber kaum betrat. Auch in den Hōjō-Gärten gab es einen sandbedeckten Hof vor der Haupthalle, der jedoch zu dieser Zeit bereits seine zeremonielle Funktion verloren hatte. Sofern genug Platz vorhanden war, konnten im Garten eines *hōjō* auch ein Teich und eine Trockenlandschaft (*karesansui*) angelegt sein. Zu Beginn der Edo-Zeit findet man fast nur noch *hōjō* in Form von *karesansui*.

Der Garten des Saihō-ji

Saihō-ji, besser bekannt als Kokodera oder Moos-Tempel, besitzt einen besonders interessanten Zen-Garten. Im 8. Jahrhundert gegründet, wurde

die Anlage im 12. Jahrhundert erst zu einem Teichgarten im Stil des Reinen Landes und dann im Jahr 1339 zu einem Zen-Garten umgestaltet. Die letzte Umgestaltung erfolgte durch Musō Soseki, einen berühmten Zen-Mönch und geschickten Gartengestalter. Er glaubte, dass man in einem ordentlich gestalteten Garten die Erleuchtung erfahren könne.

Saihō-ji wurde mehrfach zerstört und wieder aufgebaut. Die zeitweise schlechte Pflege des Gartens ist der Grund, weshalb heute hohe, alte Bäume hier stehen. Sie spenden den notwendigen Schatten und bewahren die Bodenfeuchtigkeit für die zahlreichen Moosarten, die den Boden überziehen. Es erscheint geradezu wie Ironie, dass der mit Musōs Original wohl kaum noch übereinstimmende Garten des Saihō-ji heute als ausdrucksstarkes Beispiel für einige ästhetische Werte des Zen gilt: Stimmung der Ruhe und Verbundenheit mit der Natur. Raum und Spontaneität des Saihō-ji bilden einen bemerkenswerten Kontrast zu den streng geordneten *karesansui*-Gärten des späteren Zen-Stils.

Trockenlandschaften

Karesansui-Gärten verwenden Felsen und Kiesel – manchmal ergänzt durch Moose und anderen Bewuchs – dazu, Wasser und Berge zu versinnbildlichen. Der früheste Meditationsgarten im Stil der Trockenlandschaften (*karesansui*) wurde im Ryōan-Tempel in Kyoto angelegt. Weitere berühmte Trockenlandschaften sind außerdem der Garten Daisen-in innerhalb des Daitoku-ji und Konchi-in im Tempel Nanzen-ji, beide in Kyoto, sowie der Garten des Tempels Zuizen-ji in Kamakura.

Ursprünglich legte man die *karesansui* als dreidimensionale, auf kleinstem Raum gestaltete Umsetzung der Landschaftsmotive auf den schwarzweißen Tuschbildern der Südlichen Song- oder der Yuan-Dynastie an. Sie zeigen große, leere Flächen oder Nebelräume, die in den Gärten durch Flächen weißen Sandes versinnbildlicht wurden. Die oftmals kantig-spitzen Berge der Song-Malerei, die durch kräftige Züge des chinesischen Malpinsels entstanden, wurden innerhalb der Gärten mittels Steinen und Felsen in die Realität umgesetzt. In allen Farbabstufungen von dunkel bis hell verfügbar, gruppierte man die Steine derart, dass ein Eindruck von räumlicher Tiefe und Schattierung entstand.

Eine grundlegende Idee des Zen-Buddhismus ist die Vorstellung, dass selbst in einem Sandkorn ein ganzes Universum zu finden sei. Dementsprechend strebten die *karesansui*-Gärten danach, durch die Reduzierung der angewendeten Materialien auf einfache Felsen und Kies den tieferen Sinn des Lebens zu enthüllen. Die Steine symbolisieren dabei das unendliche Gerüst des Universums und der Kies die Vergänglichkeit der Dingwelt.

Oben: Der Teichgarten vor der Haupthalle (hōjō) mit der geborgten Landschaft des Berges Arashi im Hintergrund.

Unten und gegenüber: Im Gegensatz zu den Gärten vorausgegangener Epochen, als eine Insel im Teich den Mittelpunkt des Gartens markierte, bilden im Garten des Tenryū-ji die Felsarrangements das Zentrum. Die wichtigsten Felsgestaltungen liegen direkt gegenüber von der Haupthalle. Im Vordergrund erkennt man die Steinbrücke. Der große, senkrecht stehende Felsen hinter der Brücke stellt den Fuß des Drachentor-Wasserfalls (Trockenlandschaft) dar. Leicht nach links versetzt sieht man darüber den berühmten »Karpfen-Stein«. Ein Stückchen weiter oben steht ein Felsen mit runder Kuppe, der einen sitzenden Kannon (Bodhisattva der Barmherzigkeit) darstellt. Rechts neben der Brücke im Wasser befindet sich die Hōrai-Gruppe. Der rot markierte Ausschnitt entspricht der genaueren Umzeichnung auf der gegenüberliegenden Seite.

Tenryū-ji

Tenryū-ji, der »Tempel des Himmlischen Drachen« war anfangs die Residenz einer heian-zeitlichen Adelsfamilie und später der Wohnsitz des abgedankten Kaisers Gonsaga (1242–46). 1399 ließ der Shogun Ashikaga Takauji einen Zen-Tempel auf dem Gelände errichten. Er bestimmte seinen Ratgeber Musō Soseki zum Abt. Musō beaufsichtigte die Umbauten des Residenzgartens und gab der Anlage die für Zen-Tempel charakteristische Note.

Geschichte

Durch die Unterstützung der Ashikaga-Sippe rebellierte Kaiser Godaigo (1288–1339) erfolgreich gegen die Kamakura Shogune, um die Macht wieder für sich zu gewinnen. Seine Herrschaft dauerte jedoch nur kurz, da sein General Ashikaga Takauji ihn verriet, ihn auf den Berg Yoshino verbannte und selbst eine neue Militärherrschaft in Kyoto ausrief. Kurz nach Godaigos Tod im Jahre 1339, träumte Musō Soseki, dass er den Kaiser gesehen hätte, der sich in einen goldenen Drachen verwandelt hatte und aus den Fluten eines Flusses in Arashiyama westlich von Kyoto aufgestiegen war. Musō überzeugte den Shogun, Godaigos Geist zu besänftigen, indem man den Landsitz Arashiyama in einen Tempel umgestaltete. Die Residenz datierte aus der Heian-Zeit und war im traditionellen Shinden-Stil errichtet. Möglicherweise gab es auch einen Teichgarten, doch ist über die originale Gartenanlage jener Epoche nichts bekannt. Musō wurde mit der Umgestaltung betraut.

Musō überzeugte Takauji wohl zu Finanzierungszwecken des Umbaus den China-Handel wieder aufzunehmen, der nach dem Versuch der mongolischen Invasion in der späten Kamakura-Zeit fast zum Stillstand gekommen war. Mönche wie Musō, die sowohl mit der chinesischen Sprache als auch den Sitten vertraut waren, gewannen mit der Wiederaufnahme der Handelsbeziehungen zunehmend an Einfluss. Ihre Tempel waren die Zentren, wo die chinesische Kunst und Kultur eine Renaissance erlebten. Durch die schwarz-weißen Tuschbilder der Song-Zeit inspiriert, deren Stil dem Zen-Geschmack so nahe kam, vertrat Musō als einer der ersten Gestalter die Auffassung, dass Gärten eine Meditationshilfe sein konnten. Obwohl Musō vielleicht nicht direkt mit der Gestaltung befasst war, beaufsichtigte er die Arbeiten an zahlreichen Gärten, darunter der berühmte Moosgarten des Saihō-ji.

Tenryū-ji brannte zuletzt im Jahre 1864 im Krieg der Sippen Chōshū und Satsuma nieder. In der Meiji-Zeit wurden die meisten Gebäude aber wieder aufgebaut.

Der Garten

Der in der Weststadt von Kyoto gelegene Garten des Tenryū-ji zeigt Merkmale sowohl der früheren Teichgärten als auch der *karesansui*-Gärten, die in den Zen-Tempeln später so maßgeblich werden sollten. Mittelpunkt des Gartens ist ein Teich, der am Fuß der Vorberge des Arashi liegt. Der Berg Arashi selbst wurde als geborgte Aussicht (*shakkei*) in den Garten einbezogen, zugleich eines der frühesten Beispiele für diese Gestaltung. An einem entfernten Ende des Teichs liegen zwei Steinarrangements, die Musōs Interesse an der Verwendung chinesischer Gestaltungstechniken zeigen, um zweidimensionale, songzeitliche Bildmotive in dreidimensionale Formen zu übertragen.

Ein Arrangement besteht aus einer Vielzahl Felsen, die zusammen einen trockenen Wasserfall (*karedaki*) darstellen. Er heißt Ryūmon-baku – Drachentor-Wasserfall – und liegt am Teichufer. Die Komposition mit einem karpfenförmigen Stein in der Mitte der Anlage versinnbildlicht die Schluchten des Gelben Flusses beim Drachentor (Longmen). In der Legende heißt es, dort habe ein Karpfen die Schnellen flussaufwärts überwunden und sich in einen Drachen verwandelt. Diese Metapher steht seit alters her für Studenten, die die Prüfungen erfolgreich bestanden haben und in den Staatsdienst eintreten. Im Zen-Buddhismus versinnbildlicht der Karpfen in seinem Versuch, die Stromschnellen zu überwinden, die Ernsthaftigkeit und Ausdauer, die ein Mönch im Studium aufbringen muss. Wenn ihm Erfolg beschieden ist, findet er zur Erleuchtung, die durch den Drachen symbolisiert wird. Der Wasserfall war so angelegt, dass er

vom Wohnsitz des Abtes (*hōjō*) aus über den Teich hinweg zu sehen war. Vor dem Wasserfall liegt eine aus drei Natursteinplatten zusammengesetzte Brücke. Sie gilt als die älteste in Japan.

Die andere Felsengruppe besteht aus etlichen, aus dem Wasser aufragenden Steinen, die den Berg Hōrai – die Wohnstätte der Unsterblichen des Daoismus – symbolisieren. Die Gruppe ist im Teich in der Nähe des Wasserfalls platziert. Beide Steinarrangements wirken natürlicher als vergleichbare chinesische Kompositionen, da weniger Steine verwendet und einfachere Formen bevorzugt werden.

Übereinstimmend mit den Grundregeln der Landschaftsmalerei der Song-Zeit wird die räumliche Tiefe im Garten des Tenryū-ji durch drei hintereinander gestaffelte Ebenen erzeugt. Im Vordergrund dehnt sich ein Streifen weißen Sandes zwischen der Veranda des *hōjō* und dem Teich aus. Teich und Felsenkomposition nehmen den Mittelgrund ein. Im Hintergrund erscheint die geborgte Aussicht mit dem Berg Arashi. Der Teichgarten des Tenryū-ji, voll symbolischer Anspielungen und komplex in der Planung, ist ein ausdrucksvolles Beispiel für die Gartengestaltung im frühen Zen-Stil und zugleich einer der wichtigsten Gärten in Kyoto.

Unten: Detailzeichnung der oben gezeigten Felskomposition.

Kinkaku-ji

Den Tempel des Goldenen Pavillons (Kinkaku-ji) in Kyoto ließ der dritte Ashikaga-Shogun als seinen privaten Wohnsitz errichten. Später wurde daraus ein Zen-Tempel. Der elegante, dreigeschossige Bau liegt inmitten eines Wandelgartens, der sich um einen Teich mit zehn Inseln erstreckt. Im Garten findet man zudem einen zweiten, früher entstandenen Teich, einen Drachentor-Wasserfall und ein Teehaus.

Geschichte

Im Jahre 1397 (Muromachi-Zeit) begann der dritte Ashikaga-Shogun Yoshimitsu mit dem Bau einer Residenz an jener Stelle im Norden der Stadt Kyoto, wo ehedem ein Haus der Saionji-Sippe gestanden hatte. Die Villa namens Kitayamaden wurde als Ruhesitz für den bisherigen Shogun angelegt, der zugunsten seines Sohnes abgedankt hatte. Dort würde er die Religion und die Künste pflegen. Neben dem Goldenen Pavillon gab es zwei Paläste im Shinden-Stil. Einer diente als Privatresidenz, im anderen wurden Gäste unterhalten. Im Jahre 1407 wurden zur Vorbereitung des für das Folgejahr angekündigten Besuches von Kaiser Gokomatsu 13 weitere Gebäude errichtet. Es war sehr außergewöhnlich, dass der Kaiser einen Shogun besuchte, daher unternahm Yoshimitsu alles erdenkliche, um den königlichen Gast zu unterhalten: Er organisierte ein opulentes, 21-tägiges Fest.

Der Goldene Pavillon verbindet chinesische Architektur im Song-Stil mit eigenen, japanischen Traditionen. Er wurde so platziert, dass sowohl eine schöne Aussicht auf den See gegeben ist als auch auf die umliegenden Berge nördlich und westlich von Kyoto. Dieses Beispiel illustriert die Verwendung der geborgten Aussicht zur Erweiterung und Verschönerung der Komposition. Das Erdgeschoss des Pavillons, mit undekorierten Balken und weiß verputzten Wänden, diente als Empfangsraum für die Gäste und zugleich als Mole, wenn man wie vormals in der Heian-Zeit üblich zu einer Bootspartie ablegen wollte. Die erste und zweite Etage des Pavillons sind mit Blattgold verziert, woher sich auch der Name »Goldener Pavillon« ableitet. Der Pavillon diente einerseits als religiöse Stätte, andererseits als Ort der Zusammenkunft. Man diskutierte und trank Tee mit engen Freunden und politischen Ratgebern.

Nach Yoshimitsus Tod wurde der Landsitz zu einem Zen-Tempel umgestaltet, der den Namen Rokuon-ji trug. Zahlreiche Gebäude fielen dem Zahn der Zeit und auch Kriegen zum Opfer, sodass

Die Anlage des Kinkaku-ji. Der Teich Anmintaku ist oben links zu sehen, das Teehaus Sekkatei liegt auf dem Hügel rechts daneben.

a Ryūmon- (Drachentor-) Wasserfall
b Goldener Pavillon (Kinkaku)
c Davonziehende Schildkröte
d Herbeikommende Schildkröte
e Kranich- und Schildkröteninsel (Paar)
f Ashiharajima
g Hōjō (Wohnhallen des Abtes)
h Kyōko-chi

heute nur noch der Teich sowie der Goldene Pavillon aus jener frühen Phase erhalten sind. Während der Edo- und der Meiji-Zeit wurden Teile restauriert, doch ein dem Irrsinn verfallener Mönch brannte den Goldenen Pavillon im Jahre 1950 nieder. Er wurde 1955 wieder aufgebaut und 1987 neu vergoldet. 1994 wurde Kinkaku-ji in die Liste des UNESCO-Weltkulturerbes aufgenommen.

Der Garten

Yoshimitsu gestaltete den Garten auf der Grundlage eines um einen zentralen Teich angelegten Paradiesgartens. Der Plan und die Felskompositionen waren darüber hinaus durch die Anlagen der frühen Zen-Gärten mit Teichen wie beispielsweise Tenryū-ji und Saion-ji beeinflusst.

Obwohl ein Weg um den Teich herumführt, ist die Gesamtgestaltung eher angelegt, um den Garten vom Boot oder vom Pavillon aus zu betrachten ist. Der Teich ist in zwei Zonen gegliedert: Im Inneren Bereich vor dem Pavillon liegen die zwei Schildkröteninseln: Die heranschwimmende Schildkröte, deren Felsenhaupt in Richtung des Pavillons schaut und die davonziehende Schildkröte, deren Kopf vom Pavillon abgewandt ist. Der Äußere Bereich ist mit einer Halbinsel, einer großen Insel namens Arashimajima und zahlreichen Felseninselchen gestaltet. Zwischen Arashimajima, die Japan symbolisiert, und dem Pavillon liegen zwei weitere, kleine Inseln, eine Kranich- und eine Schildkröteninsel. Insgesamt wurden im so genannten Spiegel-Teich zehn Inseln gestaltet.

Die Ufer des Teiches sind mit Sträuchern und getrimmten Bäumen bepflanzt. Der Bewuchs im Vordergrund, nahe dem Pavillon, ist niedrig gehalten; an den weiter entfernten Ufern stehen halbhohe Bäume vor hohen Bäumen, um den Mittel- und Hintergrund optisch zu betonen. Diese Komposition erweckt den Eindruck räumlicher Größe, verstärkt durch die geborgte Aussicht mit der Berglandschaft in der Ferne. Einer der Berge heißt Kinugasa (Stoffmützen-Berg). Es heißt, dass dieser Name auf ein Ereignis zurückgeht, bei dem ein Kaiser anlässlich eines sommerlichen Besuches in der Gegend eine

Der Goldene Pavillon (Kinkaku) liegt am nordöstlichen Ufer des Kyōko-Teichs (Kyōko-chi). Im Vordergrund sieht man die Insel Tsurushima (Kranich-Insel), die die dahinter liegende kleine Schildkröten-Insel verdeckt. Die größere Insel zur Linken hinter Tsurushima ist Irikamejima (die Davonziehende Schildkröte). Um den Teich stehen exakt geschnittene Bäume.

Links: Der Drachentor-Wasserfall (Ryūmonbaku) zeigt den Karpfen bei seinem Sprung in die Höhe. Wie bei dem Wasserfall des als Vorbild dienenden Tenryū-ji steht links neben dem Karpfen-Stein ein großer Felsen. Der Wasserfall des Kinkaku-ji wurde im Unterschied zu seinem trockenen Vorläufer mit Wasser gestaltet.

Gegenüber und unten: Die Insel Ashihara in der Mitte des Teichs zeigt unter anderem eine so genannte Felsen-Trias (*sanzon seki*), die in Anlehnung an eine Dreiergruppe des Saihō-ji gestaltet wurde. Bei diesen Trias wird wohl der Ausgewogenheit halber oft ein niedriger, vierter Felsen hinzugefügt.

Schneelandschaft sehen wollte. Er ließ seine Diener die Bergkuppe mit weißer Seide auslegen.

Vom Spiegel-Teich aus führt ein gewundener Weg durch die Überreste eines mit schön gewachsenen Bäumen bestandenen, fast zwei Hektar großen Anwesens, vorbei an einem älteren Teich (Anmintaku), der in der Kamakura-Zeit den Mittelpunkt des Saionji-Palastes und -Gartens markierte.

Eine Besonderheit des Gartens stellt der Drachentor-Wasserfall dar, der nach dem Vorbild des trockenen Wasserfalls im Tenryū-ji gestaltet wurde. Im Gegensatz zu seinem Vorläufer wird der Wasserfall des Kinkaku-ji tatsächlich mit Wasser betrieben. Ein großer Felsen am Fuß des Wasserfalls symbolisiert den Karpfen, der die Stufen flussaufwärts überwinden will. Weitere bemerkenswerte Elemente sind ein Teehaus im Sōan-Stil, ein Fudōdō-Schrein in der Nähe des Ausgangs und eine bootsförmige, alte Kiefer vor dem Hōjō. Es heißt, der Baum war ursprünglich ein Bonsai gewesen, der Yoshimitsu gehörte.

Ginkaku-ji

Im Jahre 1482 begann der achte Ashikaga-Shogun Yoshimasa, ein Ästhet und Förderer der Künste, mit dem Bau eines Landsitzes in den Vorbergen des Tsukimachi östlich von Kyoto. Der Wohnsitz bestand aus einem großen Garten mit insgesamt zwölf Gebäuden, von denen heute nur noch die Kannon-Halle (Silberner Pavillon) und die Tōgudō-Halle erhalten sind. Der Garten rahmt einen Teich und zieht sich einen Berghang hinauf.

Geschichte

Um seine Residenz zu errichten, konfiszierte Yoshimasa den Grundbesitz eines Tempels, der zum Kloster Enryaku-ji auf dem Berg Hiei gehörte. Da die Zeiten besonders schwierig waren und er kaum auf Steuereinnahmen zur Finanzierung seines Bauvorhabens hoffen konnte, verpflichtete er die adeligen Familien zu Zwangsleistungen in Form von Arbeit und Baumaterial.

Außer der erhaltenen Kannon-Halle (Silberner Pavillon) und dem Tōgudō (für eine große Buddha-Statue) gab es einen Wohnkomplex (*tsunegosho*), eine Meditationshalle namens Saishian im Oberen Garten, einen Schaugarten namens Chōzoteien, eine Versammlungsstube (*kaisho*), wo man mit Freunden zusammen saß, den Wasserpavillon (*izumidono*) am Teichufer, ein Gärtchen um eine Brücke, den Teichgarten und den Bambusgarten. Heute steht der Tōgudō an jener Stelle, wo einst der Wasserpavillon erbaut war.

Die Inspirationsquellen für den Silbernen Pavillon waren unter anderem der Saihō-ji und der Goldene Pavillon von Yoshimasas Großvater. Obwohl der Silberne dem Goldenen Pavillon ähnelt, ist er doch nur zweigeschossig. Eine Kannon-Statue steht im Obergeschoss. Das Erdgeschoss mit Blick auf den Garten wurde zur Meditation genutzt.

Nach dem Tode von Yoshimasa wurde die Residenz in einen Zen-Tempel namens Jishō-ji umgestaltet. Seit der Edo-Zeit wird der Tempel Ginkaku-ji genannt. Im Laufe der Zeit verfielen die originalen Gebäude. Die beiden verbliebenen Bauten zählen zum Nationalen Kulturerbe Japans. Der Silberne Pavillon wurde übrigens nie wie wohl ursprünglich geplant mit Silber überzogen. Doch fügt sich die bescheidene, gleichwohl elegante Struktur harmonisch in den umgebenden, schön gestalteten Garten ein.

Der Garten

Vom großen Tor des Tempelkomplexes bis zum Mittleren Tor, dem Eingang zum Garten, führt ein Weg, der beidseitig mit einem Bambuszaun und geschnittenen Hecken eingefasst ist. Dieser Pfad bildet den Übergang von weltlichen Gefilden in die abgeschiedene Welt des Tempels. Wie der von Musō Soseki gestaltete Garten des Saihō-ji ist auch der Garten des Ginkaku-ji in zwei Bereiche geteilt. Der untere Gartenbereich besteht aus einem frühen Wandelgarten im Zen-Stil, der mit Felsarrange-

Oben: Die Steinbrücke vor dem Tōgudō, Japans ältestem erhaltenen Gebäude im Shoin-Stil. Der große Felsen links im Bild ist Teil der Weißen Kranich-Insel und steht für den Kopf des Kranichs (siehe Zeichnung gegenüber).

Unten: Die Anlage des Ginkaku-ji, Ansicht des unteren Gartens, mit dem Teich und der geharkten Kiesfläche. Der Silberne Pavillon ist links im Bild, der Tōgudō rechts.

a Ginkaku (Silberner Pavillon)
b Kōgetsudai (Sandkegel)
c Ginsadan (Meer des silbernen Sandes)
d Hakkakutō (Weiße Kranich-Insel)
e Tōgudō

ments, Brücken, und Pflanzen um einen Teich gruppiert ist (*chisen-kaiyū-shiki teien*). Die Gartenszenen wurden durch berühmte Orte inspiriert, deren Beschreibungen sich in der klassischen japanischen und chinesischen Literatur finden. Im Brokatspiegel-Teich, Kinkyō-chi, liegen beispielsweise sieben Steinbrücken. Der Berg Tsukimachi ragt hinter dem Garten auf und bildet so ein gelungenes Beispiel für eine geborgte Aussicht.

Direkt neben dem Teich dehnt sich eine Trockenlandschaft (*karesansui*) aus, die aus der Edo-Zeit datiert. Die langen Furchen geharkten Sandes wirken wie Wellen im Mondschein: das Meer des Silbernen Sandes. Dieser *karesansui*-Bereich wird von einem perfekt geformten Kegelstumpf aus Sand beherrscht, der als Kōgetsudai (den Mond erwartende Terrasse) bekannt ist und dem Berg Fuji ähnelt. Manche Gelehrte bemängeln, dass Teich und Sandzone zusammenhanglos erscheinen, andere sehen besonders in diesem Gegensatz die ästhetische Wirkung des Gartens begründet.

Der Hanggarten

Der obere Gartenbereich ist um einen Weg angelegt, der sich einen steilen Hang bergan windet. Dort liegt eine Felskomposition, außerdem steht dort eine Vielzahl an Bäumen, Sträuchern und Blumen. Die Steingruppen und die Bepflanzung stellen eine dynamische wie ausgewogene Gesamtkomposition dar. An der hoch gelegenen Gartengrenze steht ein Bambuszaun, der den geplanten, formalen Gartenbereich von einem dichten Wald japanischer Zedern trennt. Von diesem Hang hat man einen schönen Ausblick auf den am Fuß des Berges gelegenen Teich, den geharkten Sand und die Gebäude.

Ganz oben: Ginkaku ist von dichter Vegetation und einer Fläche fein gerechten weißen Sandes umgeben. Die Sandfläche heißt Ginsadan – Meer des Silbernen Sandes.

Oben: Ansicht der Weißen Kranich-Insel vom Tōgudō aus. Die drei großen Steine im Vordergrund stellen ein gutes Beispiel für eine typische Stein-Trias dar.

Ryōan-ji

Oben: Das Rechen der Kiesmuster ist eine verhältnismäßig einfache Aufgabe, die jedoch Achtsamkeit und Hingabe sowohl für die Details als auch die Gesamtkomposition erfordert. Die Pflege ist Teil der täglichen Aufgaben der Mönche.

Unten: Im Gegensatz zu den Teichgärten früherer Epochen gibt es im berühmten Steingarten des Ryōan-ji keine Bäume. Die Gestaltung ist zur Betrachtung von der Veranda des *hōjō* aus angelegt. Die 15 Steine des Gartens sind zu fünf Gruppen zusammengefasst, wobei jeweils die beiden linken und die drei rechten Arrangements zusammengehören. Der rechteckige Garten ist von einer niedrigen Mauer umgeben, die mit Rindenschindeln, geschätzt für ihre unauffälligen und doch ansprechenden Farben, gedeckt ist.

Ryōan-ji, ein Anlage des Zen-Buddhismus im nordwestlichen Stadtbereich von Kyoto, besteht aus mehreren kleinen Tempeln und einem weitläufigen Teichgarten. Die Abtsresidenz (*hōjō*) des Tempels selbst besitzt eine große Halle, die sich mit Blick nach Süden auf einen ummauerten Trockengarten hin öffnet. Das ist vermutlich der berühmteste Garten Japans. Im Ryōan-ji gibt es auch Räumlichkeiten im Shoin-Stil, die auf einen kleineren Garten im Norden hin ausgerichtet sind.

Geschichte

Ryōan-ji – der Tempel des friedlichen Drachens – war ursprünglich der Wohnsitz der in der Heian-Zeit mächtigen Fujiwara-Familie. Das Anwesen ging mit der Zeit in den Besitz der Hosokawa-Familie über. Auf Wunsch des berühmten Generals Hosokawa Katsumoto wurde die Anlage in einen Zen-Tempel umgestaltet, der dem nahe gelegenen Rinzai Zen-Tempel Myōshin-ji unterstand.

Über den Ursprung und die Entwicklung des berühmten Steingartens im Ryōan-ji wird derzeit heftig diskutiert. Ryōan-ji wurde während des Onin-Krieges (1467–77) niedergebrannt und gegen Ende des 15. Jahrhunderts wieder aufgebaut. Der ummauerte Steingarten wurde mit großer Wahrscheinlichkeit zwischen 1619 und 1680 angelegt. Der originale Steingarten besaß einen gedeckten Wandelgang, der in Nord-Süd-Richtung durch den Garten verlief und einen Blick nach rechts und links auf den Garten ermöglichte. Dazu gab es ein Tor an der Südseite. Im Jahre 1797 zerstörte ein Brand den Tempel ein weiteres Mal. Danach wurde der Garten mit Abraum verfüllt und auf dieser Schicht ein neuer Steingarten angelegt. Aus diesem Grund ist die von außen normal hohe Gartenmauer vom Inneren des Gartens aus gesehen ungewöhnlich niedrig. Ein Holzschnitt von 1799 zeigt den Garten wie er noch heute aussieht, ohne Wandelgang.

Es heißt, der Garten wurde von dem Maler und Gartengestalter Sōami gestaltet, der im Jahr 1525 starb. Diese Geschichte passt jedoch nicht zur oben ausgeführten Chronologie. Zwei Signaturen auf der Rückseite eines Steins legen den Schluss nahe, dass der Garten von halbprofessionellen Gärtnern der unreinen Kaste gestaltet worden sein könnte.

Der Garten blieb bis zum 20. Jahrhundert relativ unbekannt. Erst dann machten ihn die Lobpreisungen von Ausländern bekannt, darunter die englische Königin Elizabeth II, die ihn 1975 besuchte. Heute werten Fachleute den Garten als eines der größten Meisterwerke, das die Japanische Gartenkunst hervorgebracht hat.

Der Steingarten

Der rechteckige Steingarten ist relativ klein dimensioniert: 25 m breit in Ost-West-Richtung und 10 m tief in Nord-Süd-Richtung. 15 Steine (im Original waren es nur neun) sind in fünf Gruppen angeordnet. Akribisch zu Mustern gerechter, weißer Sand umgibt sie. Der Garten ist so gestaltet, dass jeweils einer der 15 Steine verborgen ist, egal aus welcher Perspektive man die Anlage sieht. Die Komposition zeigt die reinste Form einer Trockengartengestaltung *karesansui* ohne Wasser oder Pflanzen, von den Moosen um die Felsen einmal abgesehen.

Der Garten ist auf drei Seiten von einer Mauer umgeben, auf der vierten Seite liegt die Terrasse des *hōjō*, wo Besucher sitzen und den Blick auf die schlichte Eleganz der Steinarrangements genießen können. Der größte Teil der östlichen Mauer wird von einem Tor eingenommen. Die Mauern auf der Süd- und Westseite wurden mit Lehm gebaut, den man in Öl gesotten hatte. Dieses Öl kam im Laufe der Zeit an die Oberfläche und schuf dadurch die gedeckten Farben und Musterungen, die so charakteristisch für das ästhetische Konzept des *wabi-sabi* oder auch *shibui* sind. Beide Begriffe beziehen sich auf die schlichte, gleichwohl komplexe Schönheit von Gegenständen, die natürlich aussehen und mit der Zeit eine schöne Patina erhalten. Im Jahr 1977 wurden die Ziegel auf den Mauern durch die originale Rindeneindeckung ersetzt.

Es gibt zahlreiche Interpretationsansätze der Komposition. Die Felsengruppen im weißen Kies wurden schon als Inseln im Meer, als Berggipfel in einem Wolkenmeer oder als eine Tigermutter mit ihren Welpen beim Überqueren eines Wassers ausgelegt. Unabhängig davon, was die Gestalter sich vorgestellt haben mögen, ist der Garten ein Instrument der Meditation – die Betrachter auf der Veranda werden dazu aufgefordert, gedanklich in den kreativen Prozess einzusteigen und ihre eigene Interpretation zu entwickeln, wie bei einem schwarz-weißen Tuschbild der Zen-Malerei. Manche Zen-Mönche behaupten, dass man bei intensiver Meditation quasi in den Garten und trotz dessen räumlicher Beschränkung in die Unendlichkeit übertritt – an einen Ort jenseits von Zeit und Raum, in dem man die reine Kraft erfahren kann, die die Quelle allen Seins darstellt.

Weitere Attraktionen

Über den Steingarten hinaus gibt es noch weitere Anziehungspunkte. Bis in die jüngere Vergangenheit war die Anlage auch unter dem Namen Oshidoridera – Tempel der Mandarinenten – bekannt, weil eine große Zahl Enten auf dem Kyōyō-Teich lebte. Der Teich liegt im Zugangsbereich zum Haupttempel und datiert noch aus der Zeit, als hier der Wohnsitz der Fujiwara lag. Er wurde im 12. Jahrhundert angelegt und ist somit etwa 500 Jahre älter als der Steingarten des Ryōan-ji.

Nordwestlich des Teiches erstreckt sich ein neu angelegter Bereich mit zahlreichen Kirschbäumen. Auf dem Gelände liegen zudem einige kaiserliche Gräber und ein Teehaus. In der Nähe steht ein berühmtes Wasserbecken (*tsukubai*) mit einer Fünf-Zeichen-Aufschrift »Ich erlerne nur Zufriedenheit«. Dieser Zen-Spruch bedeutet, dass das Geheimnis des Glücks darin liegt, zu erlernen, mit der eigenen Situation zufrieden zu sein, egal wie ärmlich sie in materieller Hinsicht erscheinen mag.

Ganz oben: Eine Nahaufnahme der mehrere Farbschattierungen zeigenden Lehmmauer um den Steingarten.

Oben: Das historische Teehaus in der Nähe des Ryōan-ji-Hauptgebäudes.

Links: Dieses geschickt gestaltete Steinbecken vor dem Teehaus des Ryōan-ji zeigt vier Schriftzeichen, die um ein zentrales fünftes Zeichen, den Wasserbehälter (*guchi*), gruppiert sind. Die Kombination des mittleren mit den weiteren Schriftzeichen ergibt einen Lehrspruch des Zen: »Ich erlerne nur Zufriedenheit«.

Daitoku-ji

Daitoku-ji ist eine der größten Klosteranlagen in Kyoto. Dieser im nördlichen Stadtbereich gelegene, ummauerte Komplex der Rinzai-Zen-Schule besteht aus den Gebäuden des Mutterklosters, dazu kommen 23 Nebentempel und einige der schönsten Gärten in Kyoto, wovon jedoch normalerweise nur vier öffentlich zugänglich sind. Bei den beiden an dieser Stelle beschriebenen Gärten handelt es sich um *karesansui*-Anlagen. Ein dritter, zum Kōtō-in gehörender Garten wird im Abschnitt über die Teegärten (Seiten 120/121) erläutert.

Oben: Ryōgen-in, ein Nebentempel des Daitoku-ji, ist für seine fünf Gärten berühmt. Der hier gezeigte A-Un-Garten liegt südlich vor einem *shoin* in der Haupthalle. Er zeigt zwei Steine aus den Fundamenten von Hideyoshis Burg Jurakudai, die um 1615 abgetragen wurden.

Unten: Der Garten in der Nordostecke des Daisen-in nimmt im Hinblick auf seine ästhetische Qualität wie auch die historische Bedeutung die wichtigste Rolle ein. Er gilt als eines der Meisterwerke der Miniaturgartengestaltung im Zen-Stil. Die später hinzugekommenen Gärten bereichern den symbolischen Gehalt der Gesamtanlage zusätzlich.

a Trockenwasserfall
b Steinbrücke
c *shoin*
d Sandkegel

Daisen-in

Daisen-in, der Tempel des Großen Eremiten, wurde im frühen 16. Jahrhundert gegründet. Der Hauptgarten erstreckt sich innerhalb eines ummauerten Bereiches auf einer L-förmigen Grundfläche um die Nordostecke des Hauptgebäudes (*hōjō*) mit *shoin*. Andere Bereiche kamen später hinzu, sodass heute der gesamte Tempel von einem Gartengürtel eingefasst ist. Auf einem 3,7 m breiten Streifen interpretiert der Nordostgarten die ideale Landschaft eines chinesischen Tuschbildes. Der Garten wurde aus Felsen, Kies, Bäumen und geschnittenen Sträuchern gestaltet, die Berge, einen Wasserfall sowie einen Fluss versinnbildlichen. Trotz der geringen Größe, vermag der Garten eine Szenerie zu schaffen, die bei geringstem Materialeinsatz sowohl erhaben als auch dynamisch wirkt.

Der Fluss aus Kies teilt sich in zwei Arme. Ein Arm verläuft in westlicher Richtung an der Gebäudenordseite entlang und mündet in den so genannten Mittleren See, eine Kiesfläche. Der zweite Arm verläuft in südlicher Richtung an der Ostseite des Gebäudes entlang und mündet in eine weit größere Kiesfläche an der Südseite des Hauptgebäudes – ein Symbol für den Ozean. Im Ozean liegen zwei Sandkegel. Sie symbolisieren vielleicht die traditionell mit buddhistischen Vorstellungen verknüpften Heiligen Berge oder sie sind Kopien ähnlicher Kiesansammlungen (Kies- oder Sandhaufen zur Pflege der Gärten), die man in den Kieshöfen der Shinto-Schreine findet. See und Ozean sind durch eine Kiesfläche auf der Westseite der Haupthalle miteinander verbunden.

Wie andere *karesansui*-Gärten erlaubt auch die Anlage des Daisen-in verschiedene Interpretationsansätze. Der Übergang vom Wasserfall zum Fluss kann beispielsweise als ein Symbol für den Übergang von jugendlichem Überschwang zu erwachsener Reife gesehen werden. Die Darstellung des Wassers, das über und um unterschiedlich geformte Felsen fließt, mag die Schwierigkeiten versinnbildlichen, die jeder Einzelne bei seiner Lebensreise zu überwinden hat. See und Ozean spielen vielleicht auf die Rückkehr in die Unendlichkeit am Ende einer jeden Lebensreise an.

Ryōgen-in

Die ebenfalls im Tempelkomplex des Daitoku-ji gelegene Anlage Ryōgen-in datiert aus der Muromachi-Zeit. Innerhalb des Ryōgen-in liegen fünf Gärten, darunter der wohl kleinste Steingarten in Japan – Tōtekiko. Der Garten des *hōjō* (Isshidan) an der Nordseite der Haupthalle wurde 1980 rekonstruiert. Es handelt sich um eine Trockenlandschaftsgestaltung mit dem Berg Hōrai, Kranich-Insel und Schildkröten-Insel. Die Komposition wirkt aufgrund der Steingröße und des akribisch geharkten Kieses relativ kraftvoll.

Der wohl wichtigste Garten der Anlage ist der gänzlich mit Moosen und Felsen gestaltete Ryūgintei – Garten des Singenden Drachen. Er liegt ebenfalls nördlich des *hōjō*. Dieser zugleich älteste Garten des Daitoku-ji wird dem berühmten Gartengestalter Sōami zugeschrieben. Er versinnbildlicht das Universum, das aus Felsen im Ozean besteht. Die beherrschende Steingruppe vor der rückwärtigen Mauer zeigt einen hohen, leicht nach Osten geneigten Stein. Es heißt, dieser Stein versinnbildliche den Berg Sumeru (japan.: Shumisen), den Berg im Zentrum der Welt. Der weiße Streifen mag als Wasserfall gesehen werden. Ein anderer Interpretationsansatz sieht die Gruppe als einen Drachen, wobei der schiefe Stein den Kopf symbolisiert. Im Zen-Glauben steht der Drache als Sinnbild der Erleuchtung. Ursprünglich war die heute mit Moos überzogene Fläche eine geharkte Kiesdecke.

Oben: Isshidan, der Garten südlich der Haupthalle des Ryōgen-in, wurde 1980 umgestaltet. Die große Felsgruppe in der Ecke versinnbildlicht den Berg Hōrai. Rechts liegt die Kranich-Insel, in der Bildmitte die Schildkröten-Insel. Der geharkte Kies steht für das Meer. Wie der Garten Ryūgintei (unten) ist auch der Isshidan eine verkleinerte, symbolhafte Darstellung des Kosmos. Der Kontrast von großen Felsen, grünen Moosen und dem weißen Kies entfaltet eine eindrucksvolle Wirkung.

Links: Ryūgintei, der älteste Garten des Daitoku-ji, liegt an der Nordseite der Haupthalle des Ryōgen-in. Völlig aus Steinen und Moosen gestaltet, gilt er als Symbol für Berge, die aus dem Meer emporragen. Manche Betrachter glauben, der geneigte Felsen versinnbildliche den Weltenberg Sumeru (Shumisen), das Zentrum des Universums.

Gärten der Samurai

Während der Muromachi- (1333–1573) und der Momoyama-Zeit (1573–1600) besaß die Militäraristokratie zwei Arten von Wohnanwesen: Burgen und Villen. Solange sie niemand angriff, bevorzugten die hochrangigen Militärs das luxuriöse Leben in Villen vom Shoin-Typ. Gäste, die in der eher formalen Empfangshalle Platz nahmen, hatten von dort eine gute Sicht auf den Teichgarten, dessen Hauptmerkmale eine komplexe Gestaltung und die Anlage gewaltiger Felsarrangements waren.

Ein Raum im Shoin-Stil: die Empfangshalle für Gäste im Tempel Kōjō-in, einem Nebentempel des Tendai-Klosters Onjō-ji in Ōtsu. Obwohl diese Empfangshalle zu einem Tempel gehört, ähnelt sie in ihrer Gestaltung eher einem derartigen Raum in einer Kriegsherren-Villa. Anstelle der Ausrichtung nach Norden auf einen kleinen Garten hin, was in den Tempeln zur Muromachi-Zeit üblich war, blickt dieser Shoin-Raum auf einen formalen Teichgarten im Süden.

a Einbau-Schreibtisch mit Fenster
b *tokonoma*
c abgetreppte Regale
d Veranda
e *tatami* (Matten)

Der reife Stil der Shoin-Architektur
Aus den ursprünglich kleinen, geschmackvollen Schreibstuben der Tempelvorsteher entwickelten sich zwanglos gestaltete Räumlichkeiten im Shoin-Stil, die in die Shinden-Architektur eingegliedert wurden. Zum Ende der Muromachi-Zeit hatten diese *shoin* eine wundersame Verwandlung in luxuriös ausgestattete Empfangshallen für erlauchte Gäste durchgemacht. Sie lagen stets auf der Südseite einer Tempelhalle oder einer Kriegsherren-Villa.

Die vier grundlegenden Bestandteile eines *shoin* waren *tokonoma* (vertiefte Alkoven, in denen Dekorationsgegenstände aufgestellt waren), *chigaidana* (Alkoven mit Regalen, gewöhnlich neben den *tokonoma*), *tsukeshoin* (Einbau-Schreibtische) und *chōdaigamae* (Schmucktüren). Viele Merkmale der zeitgenössischen Wohnarchitektur kennzeichnen den reifen Shoin-Stil darüber hinaus: *tatami* (Matten), *fusuma* (Schiebetüren), *shōji* (verschiebbare, durchbrochene, hölzerne Außentüren mit Papierbespannung) sowie *amado* (Läden aus Holz zum Schutz der *fusuma* bei schlechtem Wetter).

Hatten die Shinden-Paläste der Heian-Zeit noch mehrere Seiteneingänge, so gab es in den frühen Tempeln nur noch einen Hauptzugang von Süden her, der bei den Samurai-Villen schließlich nach Osten ausgerichtet war. Nachdem die Gäste das östliche Tor durchschritten hatten, überquerten sie einen kiesbedeckten Hof zum Haupteingang des Wohnbereichs hin. Dieser Eingang lag oft in einem Nebengebäude. Man nannte das die Kutschen-Vorfahrt (*kuruma-yose*). Mit der Zeit wurde dieser Eingangsbereich der Bequemlichkeit halber für die Gäste überdacht ausgeführt.

Gärten der Krieger
Bei eingeschränktem Raum ließen die Gestalter der Krieger-Gärten einige der in Shinden-Gärten üblichen Elemente wie künstliche Berge und die weiße Sandfläche zwischen Hauptgebäude und Teich weg. Der Teich fiel kleiner aus, wurde tiefer in das Gelände eingefügt und näher an das Hauptgebäude gerückt, damit die im Haus versammelten Gäste eine schöne Aussicht darauf hatten. Zwar war die Teichfläche kleiner, doch die Uferlinie wurde mit Buchten und Halbinseln komplexer gestaltet.

Egal, ob der Militäradel einen Burggarten oder einen Villen-Garten anlegte, in jedem Fall sammelten die Kriegsfürsten begierig schöne Felsen, um ihren Reichtum und ihre Macht in Form kraftvoll gestalteter Steinarrangements zu repräsentieren. Nicht selten wurden die notwendigen Steine aus anderen Gartenanlagen konfisziert. Viele der Felsen sind jedoch bereits zu ihren ursprünglichen Besitzern zurückgekehrt. Man verwendete große Steine auch zum Bau von Brücken und Wasserfällen. An den Bauarbeiten waren in erster Linie Soldaten beteiligt, die in den Kampf- und Kriegspausen nichts zu tun hatten. Sie nutzen dabei die Kenntnisse, die sie beim Bau von Festungsfundamenten, Mauern und Toren erworben hatten.

Neuerungen
Einige der größeren Gartenanlagen in der Momoyama-Zeit experimentierten mit einer Mischform aus Trockenlandschaft und Wasserelementen. Eine Neuerung der Momoyama-Zeit waren die immergrünen Sträucher, die man zu abstrakten Formen schnitt, um beispielsweise Hügel zu suggerieren.

Links: Anlage einer Shoin-Residenz des Militäradels mit Kutschenvorfahrt nach einem Bild der Hosokawa-Villa in Kyoto. Aufgrund räumlicher Beschränkungen fällt der Südgarten relativ klein aus und der Haupteingang ist auf die Ostseite des Gebäudekomplexes verschoben.

Unten: Die historische Stätte Ichijōdani in der Präfektur Fukui ermöglicht einen einzigartigen Einblick in einen Krieger-Garten. An dieser Stätte fand man die Reste einer befestigten Kleinstadt, die 1573 nach der Niederlage der hier ansässigen Asakura-Familie gegen Odo Nobunaga niedergebrannt wurde. Nobunaga versuchte Japan wieder zu einigen. Das Bild zeigt die teilweise archäologisch untersuchte Asakura-Residenz mit dem Haupttor im Hintergrund. Im Vordergrund unten sind Teile eines Stein-Gartens zu sehen.

Manchmal entfalteten diese Kompositionen aus Felsen, Kies, in Form geschnittenen Sträuchern und Bäumen eine mächtige Wirkung. Häufiger jedoch entstanden Gärten, die durch die Betonung einer möglichst komplexen, unruhigen Gestaltung hinter ihren geschmackvollen und kontemplativen Vorgängern aus der Muromachi-Zeit zurückblieben.

In der späteren Momoyama-Zeit wurden die Krieger-Gärten geradezu gebändigt und manche Gestalter fügten den Anlagen Wege hinzu, sodass die Gärten auch zu Fuß durchquert werden konnten und nicht mehr nur vom Hause aus angesehen wurden. Obwohl die Idee des begehbaren Gartens nicht völlig neu war, gaben die Neuerungen der Momoyama-Zeit maßgebliche Impulse für die Entwicklung der Wandelgärten in der darauf folgenden Edo-Zeit.

Erhaltene Anlagen

Als besonders hervorragende Beispiele für die Gärten der Samurai gelten unter anderem der mit 800 Felsen angelegte Sambō-in, ein Nebentempel des Daigo-ji in Kyoto, den Toyotomi Hideyoshi im Jahr 1598 errichten ließ, sowie der Ninomaru Palast in der Burg Nijō, Kyoto. Letzterer wurde von dem berühmten Gartenarchitekten Kobori Enshū gestaltet. Dazu kommt noch der Garten Kokei-no-niwa in der Tempelanlage des Nishi Hongan-ji in Kyoto.

Nishi Hongan-ji

Kokei-no-niwa liegt in einem Hof, der von zahlreichen historisch bedeutsamen Gebäuden umstanden ist. Das mit Rinde gedeckte Gebäude links (Süden) ist die Empfangshalle Tora-no-ma. Im Westen (oben) steht die mit Ziegeln eingedeckte Halle Daishoin, ein Gebäude im Shoin-Stil mit Hideyoshis Audienzhalle und der Studierstube Shiro Shoin. Nördlich des Gartens liegt Kuro Shoin, eine fein dekorierte Studierklause für den Abt. Im Osten stößt ein Verwaltungsgebäude an den Garten, neben dem rechts die große Patriarchenhalle aufragt. Der Tempelkomplex selbst ist jedoch weit größer als der hier gezeigte Ausschnitt.

Nishi Hongan-ji im Zentrum von Kyoto ist der Haupttempel des Jōdo-Shinshū, einer Auslegungsrichtung des Reinen-Land-Buddhismus, die auf den Patriarchen Shinran Shōnin (1173–1262) zurückgeht. Im Jahre 1591 hier errichtet, versammelt der Tempel bis heute einige herausragende Beispiele momoyama-zeitlicher Architektur. Manche stammen aus Hideyoshis Burg Fushimi selbst. Direkt vor der prunkvollen Daishoin-Halle liegt der Garten Kokei-no-niwa (wörtlich: Tigertal-Garten), eines der besten Beispiele für einen Samurai-Garten.

Geschichte

Nishi Hongan-ji wurde im Jahr 1272 als Gedenkstätte für Shiran errichtet. Nachdem der ursprüngliche Tempel von Mönchen der Tendai-Schule aus dem Kloster Enryaku-ji auf dem Berg Hiei niedergebrannt worden war, zog die aufblühende neue Schule in die Region Kanazawa und später nach Osaka, wo die Mönche eine große Festung an jener Stelle errichteten, wo heute die Burg von Osaka liegt. Der Tempel widerstand zahlreichen Angriffen, darunter so bekannte Generäle wie Oda Nobunaga. Erst nach einem Waffenstillstand und Verrat wurde der Tempel niedergebrannt. Oda Nobunagas Nachfolger Toyotomi Hideyoshi übergab dem Nishi Hongan-ji jenes Grundeigentum in Kyoto, wo die Tempelanlage sich heute noch befindet. Als Hideyoshi durch den Tokugawa-Clan abgelöst wurde, verfügte der erste Tokugawa-Shogun Ieyasu die Schleifung von Hideyoshis Burgpalast in Fushimi bei Kyoto. Einige Gebäude und Teile des Gartenbaumaterials wurden jedoch in die Tempelanlage Nishi Hongan-ji verlegt.

Der Gesamtkomplex

Die Hauptgebäude des Nishi Hongan-ji sind die Amida-Halle und die Patriarchenhalle, die in einem weitflächigen, kiesbedeckten Hof liegen. Innerhalb der weiträumigen Anlage befinden sich noch weitere historische Gebäude, darunter zwei No-Bühnen und der berühmte Hiunkaku – der Pavillon der Fliegenden Wolken. Er zählt zusammen mit dem Goldenen und dem Silbernen Pavillon zu den drei schönsten Pavillons in Japan.

Südwestlich der Patriarchenhalle liegt ein Gebäudekomplex, der den Garten Kokei-no (Kokei-no-niwa) einschließt. Südlich des Gartens steht eine Empfangshalle namens Tora-no-ma, westlich baut sich die Daishoin-Halle auf. Sie wurde nach der Schleifung von Hideyoshis Burg Fushimi im Jahre 1623 in den Nishi Hongan-ji versetzt. Daishoin stellt eines der besten, erhaltenen Beispiele für momoyama-zeitliche Shoin-Architektur dar: Die Halle gliedert sich in zwei Bereiche, die große Audienzhalle Taimenjo, wo Hideyoshi hohen Besuch empfing, und die traditionelle Studierstube Shiro Shoin. Taimenjo und Shiro Shoin sind gleichermaßen reich dekoriert mit hervorragend bemalten Stellschirmen aus der Hand der bekanntesten Künstler jener Zeit. An der Nordseite des Gartens liegt eine kleinere, fein dekorierte Studierklause, Kuro Shoin, die der Abt des Klosters nutzt. Östlich des Gartens befinden sich Verwaltungsräume.

Der Garten

Kokei-no-niwa ist eine *karesansui*-Anlage, die zur Betrachtung von den Veranden des Daishoin, Taimenjo oder Shiro Shoin aus angelegt wurde. Der Garten ist mit Cycadacaeen bepflanzt, es gibt die großen Felsen aus Hideyoshis Burg sowie eine Brücke aus einer flachen Steinplatte, die einen Fluss aus Kieseln überspannt und die Schildkröten- mit der Kranichinsel verbindet. Der Fluss fließt von einem Felsenwasserfall im Hintergrund heran. Darüber lugt die Patriarchenhalle hervor, deren steiles Dach als Symbol für den chinesischen Berg Lu in den Garten einbezogen ist. Ungewöhnlich bei dieser Gartengestaltung ist das Fehlen der sonst in den meisten japanischen Gärten üblichen Kiefern. Obwohl der Garten Kokei-no-niwa erst zu Beginn der Edo-Zeit aus den Überresten von Hideyoshis Burggarten errichtet wurde, zeigt er deutlich den Geschmack der Momoyama-Krieger, die große Felsen und komplexe Arrangements bevorzugten.

Links: Kokei-no-niwa – Tigertal-Garten – östlich des Daishoin innerhalb des Tempelkomplexes Nishi Hongan-ji gelegen, wurde im 17. Jahrhundert im Stil eines typischen momoyama-zeitlichen Gartens als Trockenlandschaft angelegt. Es gibt Steinbrücken, die das Ufer sowie die Kranich- und Schildkröten-Insel miteinander verbinden. Der Garten zeigt eine Steingruppe, die den Berg Hōrai versinnbildlicht, sowie einen Wasserfall aus Felsen. Die Bepflanzung besteht aus den in Japan seltenen gymnospermen Cycadacaeen.

Unten: Die zentrale Felsenkomposition des Kokei-no-niwa. Links im Vordergrund liegt die Schildkröten-Insel, der große Stein rechts symbolisiert den Kopf, der kleine Stein ganz links den Schwanz. Sie ist mit der Kranich-Insel rechts verbunden. Die Ansammlung von Felsen im Hintergrund rechts steht für den Berg Hōrai. Die Felsen links stellen einen Wasserfall dar. Alle Felsgruppen sind durch Steinbrücken verbunden, unter denen sich ein Fluss aus weißem Kies entlang windet.

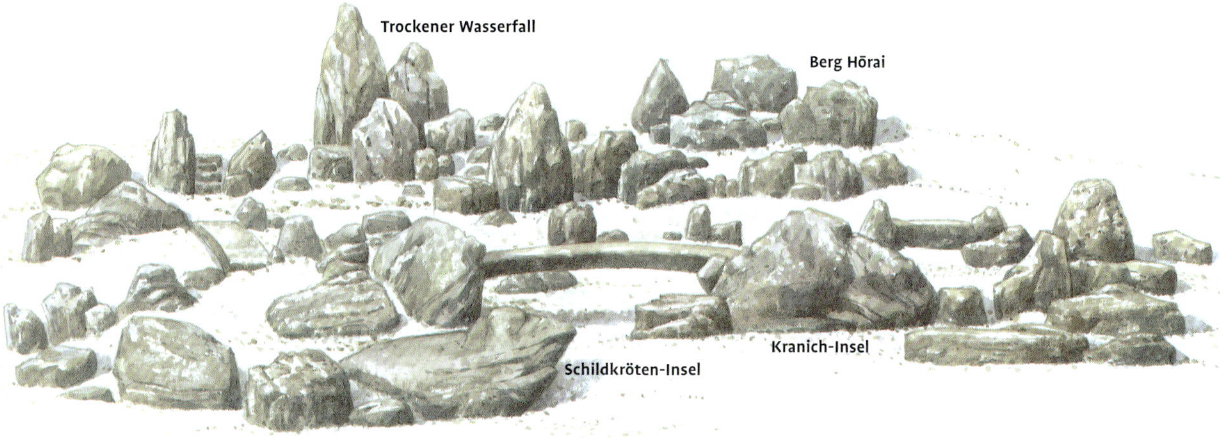

Die Festung Nijō

Oben: Während der Heian-Zeit diente der neben dem Kaiserpalast gelegene Garten Shinsen-en zu Bootspartien des Adels sowie zu höfischen Zeremonien. Das Bild zeigt die erhaltenen Spuren des Gartens.

Unten: Der ummauerte Komplex der Burg Nijō zerfällt in zwei Anlagenbereiche: Honmaru hinten links und Ninomaru rechts im Vordergrund. Weil ursprünglich mit einem fünfgeschossigen Wehrtum ausgestattet, besaß Honmaru auch einen eigenen Graben und eine Mauer. Ninomaru wurde vom Shogun selbst genutzt, wenn er in Kyoto weilte. Der in einer Ecke des Ninomaru-Palastes gelegene Garten gilt als repräsentatives Beispiel für einen Krieger-Garten.

1603 ließ Tokugawa Ieyasu die Burg Nijō als sein Hauptquartier in Kyoto errichten. Der Hauptbereich mit dem Ninomaru-Palast wurde für ein Zusammentreffen von Ieyasus Enkel Iemitsu mit Kaiser Gomizuno-o im Jahr 1626 umgebaut. Zu diesem Anlass wurde ein kunstvoll gestalteter Garten angelegt. Sowohl Palast als auch Garten, die als Machtdemonstration und Statussymbol des Tokugawa-Shogunats konzipiert waren, geben Einblick in den extravaganten Geschmack des Militäradels.

Geschichte
Die Beziehungen der Shogune zu den Kaisern waren vielschichtig. In der Feudalzeit hatten die Kaiser nominell zwar den höheren Rang, aber die reale Macht lag in den Händen der Shogune. Um seine Macht zu demonstrieren, ließ Tokugawa Ieyasu seinen Palast in Kyoto genau an jener Stelle errichten, wo ursprünglich der Dairi (die kaiserlichen Gemächer) innerhalb des Palastes von Heian-kyō lag. Die Palastanlage des Shogun ist von einem Graben und einer Steinmauer umgeben. Man betritt sie durch ein massives, verputztes Steintor (Higashi Ōtemon). Im Inneren dehnen sich zwei ummauerte Komplexe aus: Honmaru und Ninomaru.

Der ummauerte Ninomaru besteht aus einer Palastanlage, die Tokugawa Ieyasu 1603 für den eigenen Gebrauch, also seine Aufenthalte in Kyoto, errichten ließ. Die Gebäude wurden zwischen 1624 und 1626 für ein Zusammentreffen mit dem Kaiser umgebaut. Der zu den Nationalen Kulturschätzen zählende Palastkomplex besteht aus fünf Gebäuden mit insgesamt 33 Räumen. Alle sind reich mit Bildern der Kanō-Schule dekoriert.

Honmaru, der von einem eigenen Graben umgeben ist, bestand aus einem Palast und einem fünfgeschossigen Wehrturm, den der Shogun ebenfalls selbst nutzte. Er wurde 1626 im Zuge von Iemitsus Umbauten des Ninomaru errichtet. Iemitsu ließ etliche momoyama-zeitliche Bauten aus Hideyoshis Burg in Fushimi hierher versetzen, doch die gesamte Anlage brannte infolge Blitzschlages 1750 nieder. 1893 versetzte man als Ersatz die ehemalige Residenz des Prinzen Katsura aus dem Kaiserpalast in den Bereich des Honmaru.

1867, ein Jahr vor der Meiji-Restauration, erhielt der Kaiser anlässlich einer in der Burg durchgeführten Zeremonie die Macht als Souverän zurück. 1884 bekam die kaiserliche Familie die Burg, 1939 ging sie in den Besitz der Stadt Kyoto über. Im Jahre 1994 schließlich wurde sie in die Liste des UNESCO-Weltkulturerbes eingeschrieben.

Der Garten
Der Planung des zum Ninomaru-Palast gehörenden Gartens wird Kobori Enshū zugeschrieben, dem führenden Landschaftsgestalter und Teemeister in Diensten der Tokugawa-Herrschaft. Enshū nutzte zur Anlage des Gartens Teile einer älteren Anlage – Shinsen-en – aus der Heian-Zeit. Während der Heian-Zeit lag Shinsen-en in direkter Nachbarschaft zum seinerzeitigen Kaiserpalast (Gosho). Die weitflächige Anlage diente als Schauplatz für wichtige höfische Zeremonien. Der heutige Kaiserpalast liegt

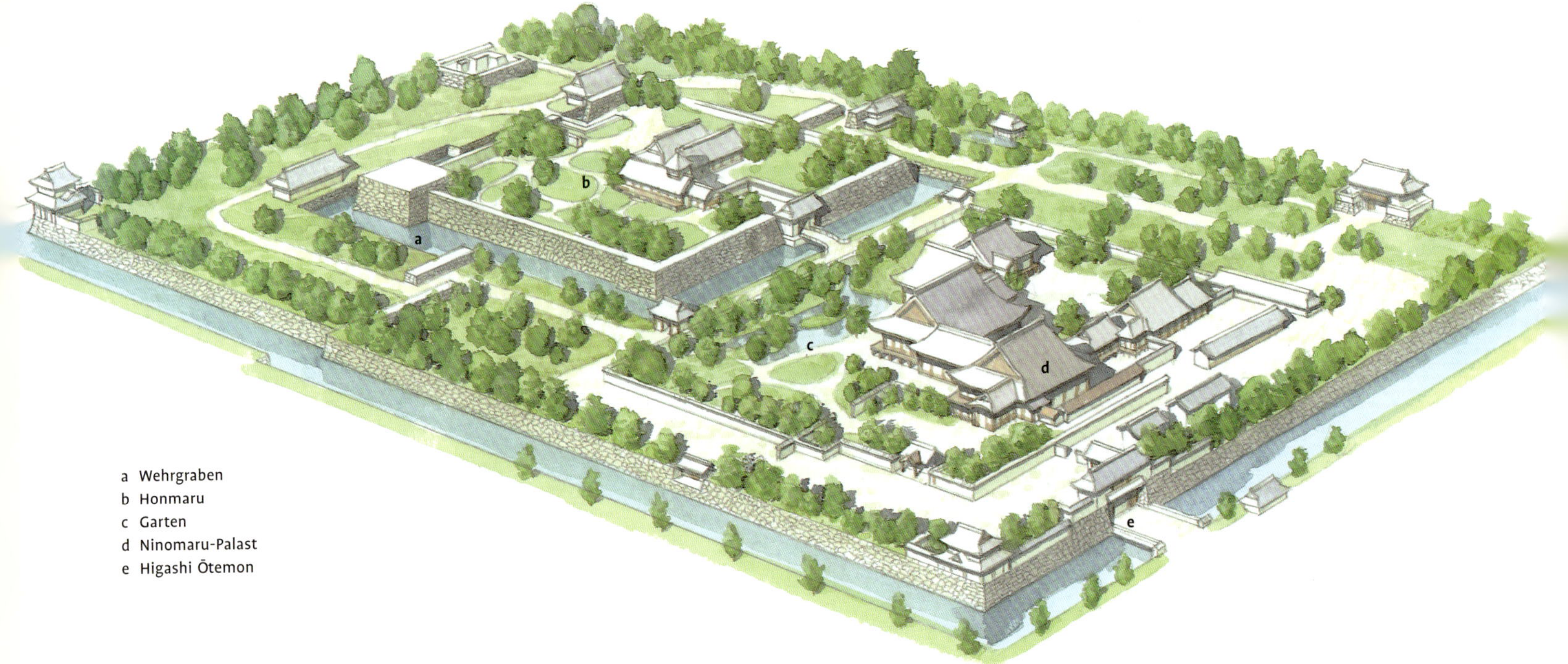

a Wehrgraben
b Honmaru
c Garten
d Ninomaru-Palast
e Higashi Ōtemon

einige Straßenzüge weiter nordöstlich und die Reste des ursprünglichen Shinsen-en, die Enshū nicht einbezogen hatte, befinden sich außerhalb der Burgmauern in einem eigenen kleinen, ummauerten Bereich. Enshū gestaltete den Garten des Ninomaru als Ausdruck der Macht des Tokugawa-Shogunats. Der Garten besitzt einen Teich mit drei Inseln – Hōraijima (Insel der Unsterblichen), Tsurushima (Kranich-Insel) und Kameshima (Schildkröten-Insel). Ebenso wie im Nishi Hongan-ji so gibt es hier seltene Pflanzen, darunter Palmfarne, und etliche Steinkompositionen, deren kostspielige, große Felsen eine komplexe Wirkung entfalten. Der Kontrast zwischen dieser Anlage und einem Felsengarten in vollkommener Schlichtheit wie im Ryōan-ji könnte nicht stärker sein.

Ursprünglich war die Anlage zur Betrachtung von der am Westufer des Teiches gelegenen Audienzhalle (Ohiroma) des Ninomaru-Palastes aus konzipiert und diente einem weiteren kleinen Palast als Aussicht, der am Südufer eigens für den Kaiserbesuch 1626 errichtet worden war. Nach dem kaiserlichen Besuch wurde der kleine Palast wieder entfernt.

Oben: Der Ninomaru-Garten von der Audienzhalle Ōhiroma aus gesehen. In der Teichmitte liegt eine große Hōrai-Insel, die durch eine Brücke (rechts) mit der Schildkröten-Insel verbunden ist.

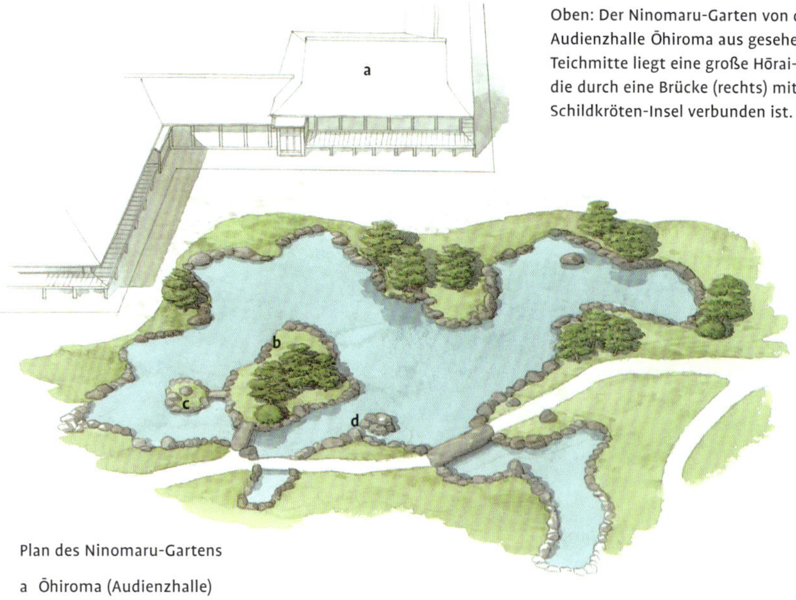

Plan des Ninomaru-Gartens

a Ōhiroma (Audienzhalle)
b Hōraijima (Insel Hōrai)
c Kameshima (Schildkröten-Insel)
d Tsurushima (Kranich-Insel)

Roji – Teegärten

Während der Muromachi- (1333–1573) und der Momoyama-Zeit (1573–1600) brachte die Teezeremonie (*cha no yu*) eine neue Architekturform hervor: Teehäuser und Räumlichkeiten zum Teegenuss, die man über einen *roji* – »Taupfad« – erreichte. Durch den Einsatz sorgfältig platzierter Trittsteine, Becken, Laternen und Pflanzen durchwandert der Besucher eine Reihe sich ständig verändernder Szenerien. Sie sollen dazu anregen, sich in einen meditativen Zustand zu versetzen, der bis in die Teezeremonie selbst fortdauert.

Oben: Der Weg zum Teehaus des Tempels Zuihō-in in Kyoto.

Unten: Beispiel für ein Tee-*roji*, nach einem Holzschnitt in einer Ausgabe des *Tsukiyama Teizōden* (Von der Anlage von Bergen und Gärten) aus dem Jahr 1828.

Äußerer *roji*
a Äußeres Tor
b Abort
c Wartebank
d Mittleres Tor

Innerer *roji*
e Abfallgrube
f Brunnen
g Wasserbecken
h Teehütte

Äußerer und Innerer *roji*
Der *roji* ist in zwei Abschnitte geteilt: man spricht von Äußerem und Innerem *roji*. Der Äußere *roji* besteht aus dem Äußeren Tor, einer Wartebank (*machiai*), wo die Gäste auf den Fortgang der Zeremonie warten, und einem Abort (*setchin*). Wenn der Teemeister zur Zeremonie lädt, bewegen sich die Gäste im Gänsemarsch auf dem Pfad entlang zum Mittleren Tor (*chūmon*). Es markiert den Übergang von Äußerem zu Innerem *roji* und symbolisiert den gewünschten Übergang in einen quasi meditativen Bewusstseinszustand. Ist das Mittlere Tor passiert, erwartet die Gäste ein Wasserbecken (*tsukubai*), wo Hände und Mund gereinigt werden. Zudem gibt es einen Brunnen (*ido*) und eine kleine Abfallgrube (*chiri-ana*) für Gartenabfälle. Heute symbolisiert die Abfallgrube einen Ort, an dem man den Staub der Seele zurücklässt. Schließlich gelangt der Gast an einen niedrigen Eingang ins Teehaus, den er in gebückter Haltung durchkriechen muss.

Bepflanzung
Roji bedeutet im ursprünglichen Wortsinn einfach nur »Weg« oder »Pfad«, doch verbanden die Teemeister mit den beiden Silben zwei gleich lautende Schriftzeichen mit der Bedeutung »Taugrund«. Diese Wendung beschreibt die Vorkehrung vor dem Eintreffen der Gäste, den Weg mit Wasser zu besprengen, damit sowohl der Weg als auch die Pflanzen am Rande feucht und frisch aussahen. Die Pflanzen, Steine und alle für den *roji* verwendeten Elemente sollten möglichst natürlich aussehen, um die Stimmung eines abgeschiedenen Bergpfades einzufangen. Dazu eignet sich eine Mischung aus Moosen, immergrünen Bäumen und Sträuchern und vielleicht einigen Bambushalmen. Blumen und andere als zu schön empfundene Elemente werden gemieden, weil sie die strenge Einfachheit stören. Wenn man auf dem Pfad voranschreitet, versucht man sich immer tiefer in einen Geisteszustand zu versetzen, der für die feine Stimmung der Teezeremonie und ihres Umfeldes empfänglich ist.

Trittsteine

Die wichtigsten Gestaltungselemente eines *roji* sind die Trittsteine, die niemals in gerader Linie verlaufen sollten. Sie sollten möglichst eben sein, damit man gut darauf laufen kann, doch sollten die Formen variieren, um interessant zu bleiben. Die wertvollen, von den Samurai geschätzten und verwendeten Gartensteine sind nicht geeignet, weil sie von der Einfachheit und Strenge des *roji* ablenken. Zugleich sollten die Steine aber auch nicht hässlich sein. Diese Vorgaben folgen einem Grundprinzip aller mit der Teezeremonie verbundenen ästhetischen Vorstellungen: man bewegt sich geschickt auf einem schmalen Grat zwischen Kunst und Natur. Schnell tritt man daneben und landet bei einer künstlich wirkenden Schönheit, oder auf der anderen Seite bei einer gekünstelten Einfachheit.

Trittsteine haben zweierlei Nutzen – sie führen die Besucher durch den Garten und halten deren Füße sauber. Da sie nicht größer sind als unbedingt nötig, zwingen sie zu Bedachtsamkeit: Jeder muss den Blick senken und schauen, wohin er seine Schritte lenkt. Hin und wieder gibt es einen besonders großen, flachen Stein, der zum Innehalten auffordert, um den Blick in den Garten zu genießen. Dadurch sind auch die Trittsteine ein Mittel, um sich in die angemessene Stimmung zu versetzen.

Grundprinzipien

Die Teegärten bezogen ihre Inspiration teils aus den zur Kontemplation angelegten Zen-Gärten. Der Hauptunterschied war jedoch, dass die Teegärten durchlaufen wurden. Deshalb heißen sie in Hinblick auf das wichtigste Gestaltungselement – den Weg – auch oft Tee-*roji*. Die *roji* waren tatsächlich die ersten Gärten, bei denen das Durchwandern in die Konzeption aktiv einbezogen wurde. Damit gelten sie zusammen mit den begehbaren Gärten der Samurai aus der späten Momoyama-Zeit als Vorläufer für die Wandelgärten der Edo-Zeit sowie für die modernen Hausgärten.

Ein weiteres Gestaltungsprinzip der *roji* ist die Wiederverwendung von ausgedienten Gegenständen, die ursprünglich einen anderen Nutzen hatten, insbesondere von Steinen, die weggeworfen, übersehen oder an der Stelle früherer Wohnhäuser ausgegraben worden waren: zum Beispiel Mühlsteine. Es ist klar, dass es sich bei einem Mühlstein im Weg um ein ausrangiertes Artefakt handelt, doch ist seine Form unregelmäßig genug, um in den anderen Trittsteinen aufzugehen.

Die Verwendung weggeworfener Materialien zwingt dazu, die Dinge mit anderen Augen zu betrachten. Dadurch entsteht jene Schönheit, die sich in den für die Ästhetik der Tee-Zeremonie so grundlegenden Begriffen *wabi* (streng, alltäglich, natürlich) und *sabi* (die Alterspatina) spiegelt. Andere Beispiele für die von den frühen Teemeistern in den *roji* eingesetzten Gegenstände waren Steinlaternen und ursprünglich zeremoniell verwendete Wassertröge.

Das dritte Grundprinzip ist *miegakure* – das Verstellen und Öffnen von Ausblicken; so sahen die Gäste stets eine Serie von Szenerien bei ihrem Gang durch den *roji*. Dabei wird die Sichtachse verstellt und Teile des Gartens verhüllt. Damit entsteht der Eindruck von Größe und Entfernung, obwohl die Fläche relativ klein ist.

Teehütte mit Reetdach (Sōan) und Garten innerhalb der Gartenanlage Sankeien, Yokohama. Der »Taupfad« ist schemenhaft in der Bepflanzung zu erkennen.

Kōtō-in

Oben: Die von Sen no Rikyū geliebte Steinlaterne aus der Kamakura-Zeit. General Tadaoki erbte die angeschlagene Laterne, nachdem Rikyū den vom Shogun befohlenen, rituellen Selbstmord begangen hatte. Sie steht als Grabstein auf den Gräbern von Tadaoki und seiner Ehefrau. Von vorne betrachtet scheint die Laterne unbeschädigt, doch hinten sieht man die vorsätzlich beigefügten Schäden.

Rechts: Der Südgarten vor der Haupthalle (Kyakuden) wurde in der frühen Edo-Zeit angelegt. Hauptsächlich mit Moosen und Ahornbäumen gestaltet, spiegelt er den Lauf der Jahreszeiten.

Gegenüberliegende Seite oben: Der lange Natursteinweg, der vom Eingang zum Tempel führt, bereitet den Besucher darauf vor, die Außenwelt hinter sich zu lassen und eine friedliche Szene zu betreten.

Kōtō-in ist ein ruhiger Tempel im großen Zen-Klosterkomplex des Daitoku-ji in Kyoto. Nicht im Hauptstrom der Touristen gelegen, die sich zur Hauptgartenattraktion des Daisen-in wälzen, findet man in diesem Nebentempel einen der raren Orte, wo man auf der Veranda der Halle sitzen und den Blick auf den friedlichen Garten genießen kann.

Geschichte

Kōtō-in wurde von Hosokawa Tadaoki (1563–1645), einem berühmten momoyama-zeitlichen *daimyō* und Heerführer in Diensten des Oda Nobunaga, gegründet. Eine Ironie des Schicksals führte zur Ermordung Nobunagas durch Tadaokis Schwiegervater im Zuge in einer fehlgeschlagenen Rebellion. Verschlimmernd kam noch hinzu, dass die Gattin Gratia dem verfolgten, katholischen Glauben anhing. Trotz der Religionszugehörigkeit seiner Frau und des üblen Rufes seines Schwiegervaters wurde Tadaoki seiner militärischen Fähigkeiten wegen hoch geschätzt und in den Dienst von Nobunagas Nachfolger Toyotomi Hideyoshi bei dessen Feldzug zur Unterwerfung Koreas berufen. Tadaoki stieg später zu einem der wichtigsten Männer in den Kriegen zur Einigung Japans auf, die Tokugawa Ieyasu schließlich durchsetzen konnte.

Als junger Mann hatte Tadaoki die Kunst der Teezeremonie bei dem berühmten Teemeister Sen no Rikyū erlernt. Er zählte zu dessen »sieben großen Schülern«. Wegen seiner engen Verbindung zu Rikyū, der auf Geheiß von Hideyoshi 1591 rituellen Selbstmord – *seppuku* – begehen musste, erbte Tadaoki einige der vom Teemeister höchst geschätzten Gegenstände. Im Jahre 1602 gründete Tadaoki den Tempel Kōtō-in. Eines der Gebäude aus Sen no Rikyūs privatem Anwesen wurde zusammen mit einigen der vom Teemeister geerbten Dinge in den Tempel versetzt.

Aufgrund seiner Liebe zur Teekunst ließ Tadaoki 1628 im Tempel eine Teehütte namens Shōkōken (»auf die Kiefern blickende Traufe«) errichten. Shōkōken hat eine Grundfläche von zwei *tatami* und folgt somit dem von Rikyū bevorzugten Stil. In der Nähe des Shōkōken steht Hōrai, ein etwas größeres Teehaus im Shoin-Stil.

Die Gärten

Man betritt den Tempelbereich über einen langen, mit Steinen gepflasterten Weg, den Ahornbäume und Moosrabatten säumen. Der karge, moosbedeckte Garten an der Südseite der Haupthalle wird von einer einzigen Steinlaterne akzentuiert. Der

Garten ist besonders wegen seiner prächtig gefärbten Ahornbäume im Herbst berühmt.

Auf der Westseite des Hauptgebäudes dehnt sich der *roji* aus, dessen Weg aus Trittsteinen zwei Teehütten und eine mit einem Mäuerchen eingefriedete Fläche verbindet. In der Einfriedung liegen die Gräber von Tadaoki und seiner Ehefrau. Als Grabstein dient Sen no Rikyūs liebste Steinlaterne. Als Hideyoshi erfuhr, dass diese wunderschöne Laterne im Besitz Rikyūs war, wollte er sie für sich beanspruchen. Damit man sie nicht requirierte, schlug Rikyū eine Ecke ab, sodass sie der von Hideyoshi bevorzugten Vollkommenheit nicht mehr entsprach. Nach Rikyūs Tod erbte Tadaoki die Laterne. Der General, der aufgrund seiner langjährigen Unterweisung in der Kunst des Tees und damit der Ästhetik des *wabi* mit Perfektion nichts im Sinne hatte, schlug noch ein Stück ab.

Im Garten gibt es außerdem ein berühmtes Wasserbecken, das aus einem Fundamentstein des koreanischen Kaiserpalastes angefertigt wurde. Tadaoki liebte die Laterne und den Wassertrog so sehr, dass er sie mühevoll stets nach Edo mitnahm, wenn er sich in der Militärhauptstadt beim Shogun einzufinden hatte.

Kōtō-in und sein bescheidener Tee-*roji* werden vom allgemeinen Publikum kaum beachtet, doch die historische Bedeutung und die friedliche Atmosphäre der Anlage machen ihn bemerkenswert.

Oben: Der aus einem Stein des Kaiserpalastes in Korea gefertigte Trog. Es heißt, dass sein Besitzer Tadaoki den Trog und die Laterne so liebte, dass er beides stets auf die Reisen nach Edo mitnahm.

Links: Der Tee-*roji* des Kōtō-in wurde aus Natursteinen angelegt. Auf beiden Seiten steht *kumazasa* (Zwergbambus).

Urakuen

Oben: Kayamon, das Strohgedeckte Tor, markiert einen der Zugänge zum Shōden-in Shoin und dem Jo-an-Teehaus.

Unten: Die Gartenanlage um Teehaus Jo-an, Shoden-in und Gen-an innerhalb des Uraku-Parks.

a Eingang
b Wasserbecken
c Steinpfad
d Shoden-in Shoin
e Jo-an (Teehütte)
f Gen-an (Teehaus)
g Zugang zum Gen-an
h Felstrog
i Wartebank (machiai)
j Brunnen

Der bekannte Teemeister Oda Uraku, ein Bruder des Oda Nobunaga, zog sich gegen Ende seines Lebens in das Kloster Kennin-ji zurück, wo er ein Teehaus und eine Studierklause im Tempel Shōden-in anlegte. Das Teehaus – Jo-an – ging durch die Hand vieler Besitzer, bis es im Jahre 1971 schließlich in den Urakuen-Park auf dem Gelände des Hotels Inuyama in der gleichnamigen Stadt versetzt wurde. Das Teehaus gilt als bestes Beispiel seiner Art.

Das Umfeld

Das Teehaus Jo-an liegt im rückwärtigen Bereich des Shōden-in, die Studierstube des Uraku im Shoin-Stil wurde zeitgleich mit der Teehütte nach Inuyama versetzt. Beide Gebäude liegen zusammen mit einem weiteren Teehaus – Gen-an – in einem Teegarten. Jo-an, das zu den Nationalen Kulturschätzen zählt, vertritt vorbildlich den Stil der *sōan*, der Grashütte. Obwohl die Hütte sehr klein ist, kann man dennoch Urakus geniale gestalterische Fähigkeiten an Kleinigkeiten im Inneren erkennen. Manche Fenster sind von Kletterpflanzen überzogen, was eine besondere Erfindung Urakus war: die so genannten *uraku-mado* (Uraku-Fenster).

Shōden-in ist ein weit größeres Gebäude, in dem Uraku lebte und wo er hin und wieder größere Teegesellschaften bewirtete. Der Innenraum ist fein mit Tuschlandschaften der Maler Kanō Sansetsu und Hasegawa Tōhaku, zwei der berühmtesten Künstler der Momoyama-Zeit, dekoriert.

Urakuen – der Garten

Als die Jo-an-Teehütte und die anderen Gebäude nach Inuyama versetzt wurden, legte der für das Projekt verantwortliche Gestalter Horiguchi Sutemi einen Teegarten innerhalb eines nach Oda Uraku benannten Parks an. Man betritt den Teegarten durch ein Tor – Kayamon, das aus Holzstützen und einem grasbedeckten Dach errichtet ist. Vom Tor führt ein Trittsteinpfad zu einer großen Steinplatte, wo der Weg sich in mehrere *roji* (Taupfade) gabelt: zu einem Wassertrog, zum Shōden-in und zur Teehütte Jo-an. Hinter dem Jo-an ist eine Wartebank (*machiai*), wo die Gäste darauf warten, zur Zeremonie im Gen-an eingelassen zu werden. Diese überdachte Wartebank ist durch einen eigenen *roji* mit dem Teehaus Gen-an verbunden. Zäune und dichte Vegetation trennen den gesamten Teegarten von der restlichen Parkanlage.

Oben: Die zum Jo-an führenden Trittsteine.

Links: Urakus bevorzugter Brunnen.

Unten: Rundes Wasserbecken vor dem Shoden-in. Die geringe Höhe des Beckens ist beabsichtigt, um die Besucher der Teezeremonie in eine demütige Stimmung zu versetzen, da sie sich bereits zur Reinigung bücken müssen.

Gärten der Edo-Zeit

Die Edo-Zeit ist in erster Linie für die großen Wandelgärten bekannt, die zu den Landsitzen der Adelsfamilien und Kriegsfürsten gehörten. Dazu kamen die Eremitagen vormaliger Samurai, die nunmehr ein Leben in Abgeschiedenheit führen wollten, die Gartenhöfe (*tsuboniwa*) in den Stadthäusern der städtischen Kaufleute und die fein geschnittenen Heckengärten (*karikomi*).

Der Garten Naritsan Shinshō-ji in der Präfektur Chiba wird häufig von Besuchern aufgesucht, die den nahe gelegenen Flughafen im Großraum Tokyo nutzen. Der mit einem buddhistischen Tempel in Narita verbundene Park ist als weitläufiger Wandelgarten um einen Teich herum angelegt.

Wandelgärten

Während der Edo-Zeit entwickelten sich aus der starren Shoin-Architektur die Villen im so genannten Sukiya-Stil. Sie dienten den zum Unterhalt einer hauptstädtischen Residenz gezwungenen Angehörigen des Kaiserhauses, Adeligen, Militärfürsten (*daimyo*) sowie der Gesellschaftselite als Residenzen. Sukiya-Architektur verband luxuriösen Geschmack mit rustikaleren Elementen. Die Wandelgärten, die als Ergänzung dieser Architekturform entstanden, dienten dazu, den Reichtum und die Macht ihres Besitzers zu zeigen sowie wichtige Gäste durch den stetigen Wechsel unterschiedlicher Landschaftsszenerien zu unterhalten.

Kobori Enshū (1579–1647), ein hochrangiger Beamter der Tokugawa-Herrschaft gilt als Erfinder der Wandelgärten im Edo-Stil. Diese Wandelgärten mussten anfangs nicht weitflächig sein. Manche waren zu Beginn nur kleine *roji*, bei denen im Laufe der Zeit weitere Teehäuser angefügt wurden, bis eine Gruppe Teehäuser in einer parkähnlichen Landschaft versammelt war. Wenn sich die Wandelgärten ausdehnten, schluckten sie hin und wieder auch religiöse Stätten. Dann wurde den ortsansässigen Bewohnern das Recht zugestanden, den Garten regelmäßig zu betreten, um Gebete zu sprechen und Opfergaben darzubringen. Die Wandelgärten der Edo-Zeit waren völlig weltliche Anlagen. Religiöse Bauten dienten nur der Zierde.

Das Interesse wecken

Wandelgärten waren keine völlig neue Erfindung. Obwohl die meisten Gartentypen früherer Epochen auf die Betrachtung von einem bestimmten Punkt aus angelegt waren, gab es auch zu jener Zeit schon Pfade, auf denen Besucher umhergehen konnten. In den Teegärten der Momoyama-Zeit wurde ebenso ein Weg, der Taupfad, benötigt, um vom Eingang zur Teehütte zu gelangen. Der grundlegende Unterschied zwischen den Wandelgärten der Edo-Zeit und den früheren begehbaren Gärten ist die weit größere, flächenmäßige Ausdehnung. Da die Festungsstädte wie Edo seinerzeit nicht besonders weit entwickelt waren, erhielten die *daimyō* wesentlich größere Grundstücke als sie der Elite in den alten Hauptstädten Nara oder Kyoto zur Verfügung gestanden hatten.

Die Gartengestalter kombinierten in den ihnen zur Verfügung stehenden, weitflächigen Anlagen nun traditionelle Gestaltungstechniken in origineller und schöpferischer Art und Weise, um die Aufmerksamkeit der Betrachter zu wecken. Eine der Techniken war *shin-gyō-so*. Dabei wurde der Betrachter durch einen formalen Eingangsbereich in eine halbformale Gestaltung geführt und danach in ein völlig freies, informelles Arrangement. *Miegakure*, das Verstellen und Öffnen von Aussichten, war eine weitere beliebte Technik. Dabei wurden Hecken, Bauten und andere Dinge dazu verwendet, lange Sichtachsen zu unterbrechen und stets eine neue Aussicht zu eröffnen, wenn man um eine Ecke bog oder über eine Brücke ging. *Shakkei* (geborgte Landschaft/Aussicht), die dritte Technik bezog einen entfernt gelegenen Hügel, Berg oder eine Pagode in die Aussicht mit ein. Der Gestalter verbirgt dabei die in der Blickrichtung zwischen Garten und Landschaft gelegenen, unerwünschten Elemente. Damit rücken der Vordergrund und die Hintergrundlandschaft optisch enger zusammen. Diese Technik bringt außer der Verschönerung der Komposition zudem den Illusionseffekt mit sich, der Garten sei weit größer als in Wirklichkeit.

Die Gestaltung berühmter Landschaftsszenen

Ein weiteres Merkmal der edo-zeitlichen Wandelgärten ist die Gestaltung berühmter Landschafts-

szenen in Japan oder China, oder die Gestaltung von Szenen aus der Literatur der Heian-Zeit. Die japanische Wendung *kaiyū shiki teien* – Ausflugsgarten – bezeichnet die Stimmung eines Ortes, wo man bei dem Weg rechtsherum um den zentralen Teich wie bei einer Reise verschiedene Landschaften erblickt. Man verstand die Wandelgärten der Edo-Zeit in Gegensatz zu den Zengärten nicht mehr als die Umsetzung eines Tuschlandschaftsbildes, sondern als die Umsetzung eines Musikstückes, in dessen Verlauf man verschiedene Motive kennen lernte.

Beispiele für die Gestaltung berühmter Naturschauplätze sind unter anderem ein künstlicher Berg in Form des Fujiyama im Suizen-ji in Kumamoto oder die Nachempfindung des Ama-no-hashidate in der Katsura Villa, Kyoto. Durch die Literatur wurde der Garten Rikugien in Tokyo inspiriert: Er zeigt 88 Szenen aus berühmten Gedichten.

Eremiten-Gärten

Eremitagen wurden von ehemaligen Kriegern angelegt, die ihr weiteres Leben als Schriftsteller, Mönch oder Künstler verbringen wollten. Eine derartige Eremitage bestand aus einem bescheidenen Wohnhaus mit Garten, der traditionelle Elemente des *karesansui*-Gartens, *roji* und Wandelgartens miteinander verband. Bemerkenswertester Gestaltungsbereich der Eremitage ist der unregelmäßig angelegte Zugangsweg. Hierfür werden zahlreiche Techniken angewendet, um dem Besucher die Illusion zu vermitteln, er bewege sich auf einem abgeschiedenen Waldpfad. Am Ende dieser Reise liegt ein ruhiger Ort der Meditation und Lektüre.

Als eines der besten Beispiele für einen Eremiten-Garten mag Shisendō in Kyoto gelten. Shisendō wurde von Ishikawa Jōzan angelegt, der wegen der Auflehnung gegen einige Erlasse des Shogun von Tokugawa Ieyasu verbannt worden war. Ishikawa

Blick auf den Garten des Shisendō (in Kyoto) von der Veranda der Eremitage aus. Die umstehenden Bäume verleihen dem Garten eine vertraute, abgeschiedene und ruhige Atmosphäre.

Gegenüber oben: Ein *tsubo*-Garten in der edo-zeitlichen Residenz der Nomura in Kanazawa.

Gegenüber unten: Ein kleiner *tsubo*-Garten in Tokyo wandelt sein Gesicht im Laufe der Jahreszeiten.

lebte im Shisendō, wo er sich bis zu seinem Tod 1672 der Teekunst, den feinen Künsten, der Philosophie und der Gartengestaltung widmete. Nachdem man einen unauffälligen Zugang von einer Straße im nordöstlichen Kyoto passiert hat, kommt man über einige Steinstufen in einen kleinen Hof. Von dort gelangt man in die Eremitage, ein rustikales, mit Stroh und Ziegeln gedecktes Gebäude, das heute ein Zen-Tempel der Sōtō-Schule ist. Um die Holzveranda dehnt sich ein abgeschiedener Garten mit geharkter, weißer Sandfläche und geschnittenen Azaleen-Büschen aus. Ergänzt wird die Szene durch eine geborgte Aussicht auf einen Hügel in der Nachbarschaft. Von hier oben führt ein Pfad zu einem tiefer gelegenen, um einen Teich arrangierten Garten. Da der Garten das ganze Jahr über reizvoll ist, gilt er als einer der schöneren Kleingärten in Kyoto.

Tsubo-Gärten

Tsubo-Gärten reichen zurück bis in die Heian-Zeit, als man kleine Gärten in den Innenhöfen zwischen den zahlreichen Flügeln eines Shinden-Komplexes gestaltete. *Tsubo*, eigentlich das Rastermaß der japanischen Architektur, steht für eine Fläche von etwa 3,3 m² – die Größe von zwei *tatami*. Die manchmal wirklich nur ein *tsubo* großen Gärten wurden nach der dominierenden Bepflanzung benannt. Ihre ursprüngliche Funktion in den Shinden-Palästen war, dass sie im Gegensatz zu den zur Unterhaltung von Gästen dienenden großen Südgärten vor der Haupthalle in den hinteren Räumlichkeiten einen Hauch von Natur und Abgeschiedenheit boten.

In der Muromachi- und Momoyama-Zeit wurden auch in Tempeln und den Villen der Krieger derartige *tsubo*-Gärten angelegt. Die *tsubo*-Gärten füllten die kleinen Höfe zwischen den Räumlichkeiten und gaben den als Studierzimmern oder Privatgemächern der Krieger oder Mönche genutzten *shoin* eine treffliche Aussicht.

Die Edo-Zeit erlebte zudem den gesellschaftlichen Aufstieg einer städtischen Bevölkerungsgruppe – der *chōnin*, die hauptsächlich aus Kaufleuten und Handwerkern bestand. Da die Steuer nach der straßenseitigen Fassadenbreite bemessen wurde, errichteten die *chōnin* schmale, langgestreckte Häuser – *machiya* – entlang der Außengrenze eines *chō* (Blocks). In der Mitte, wo die Häuser mit der rückwärtigen Fassade aufeinander stießen, lag ein Gemeinschaftsbereich. Die Geschäf-

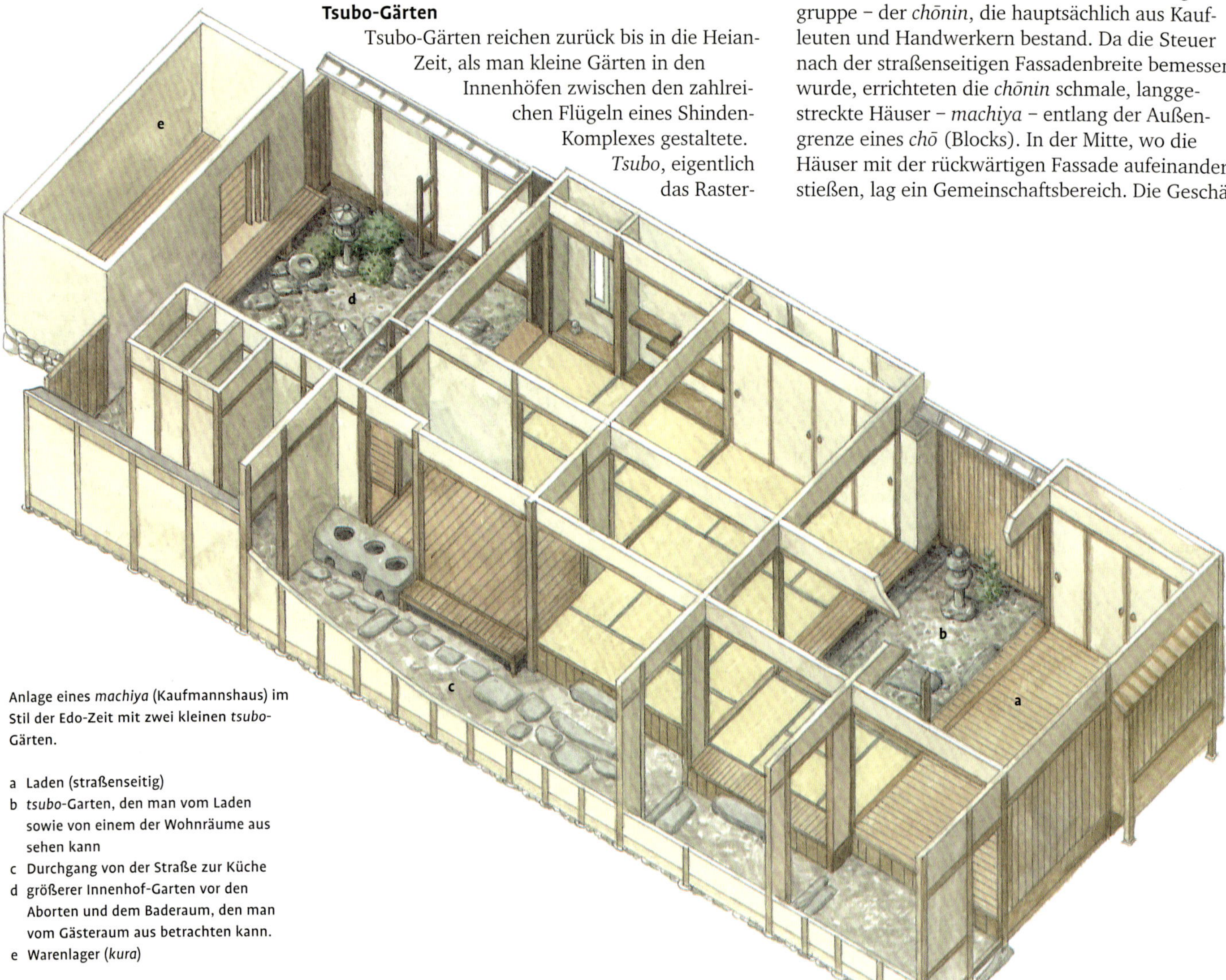

Anlage eines *machiya* (Kaufmannshaus) im Stil der Edo-Zeit mit zwei kleinen *tsubo*-Gärten.

- a Laden (straßenseitig)
- b *tsubo*-Garten, den man vom Laden sowie von einem der Wohnräume aus sehen kann
- c Durchgang von der Straße zur Küche
- d größerer Innenhof-Garten vor den Aborten und dem Baderaum, den man vom Gästeraum aus betrachten kann.
- e Warenlager (*kura*)

te waren zur Straßenseite orientiert, der Wohnbereich lag dahinter. Die zwischen den *machiya* freibleibenden schmalen Flächen, die der Belichtung und Luftzirkulation dienten, wandelten sich mit der Zeit in tsubo-Gärten. Große Stadthäuser hatten manchmal eigene Innenhof-Gärten zwischen den Wohnräumen. Den *roji* nachempfunden, gab es in den *tsubo* oft eine Steinlaterne, ein Wasserbecken, Trittsteine, eine Statue oder andere dekorative Elemente. Auch standen einige wenige Pflanzen darin. Aufgrund der geringen Größe waren die *tsubo* eher zur Betrachtung angelegt als zum Betreten gedacht. In dieser Hinsicht unterscheiden sie sich deutlich von ihren Vorläufern, den *roji*.

Die kleinflächigen *tsubo-niwa* stellen eine der grundlegenden Inspirationsquellen für die Wohngärten der Gegenwart, die Gärten von Restaurants, Hotels und öffentlichen Gebäuden dar.

Heckengärten

In Form geschnittene Sträucher (*karikomi*) wurden schon in der Muromachi-Zeit als Pendant zu den geharkten Kiesflächen der Trockenlandschaften in Zen-Gärten eingesetzt. Während der Momoyama- und Edo-Zeit schnitt man die Sträucher zu Hecken in fließenden Formen, die den Hauptanziehungspunkt in einem Garten darstellten. Obwohl schon die Zen-Gärten eine Abstraktion verfolgten, die dem modernen Zeitgeschmack entspricht, so reicht die Abstraktion in den *karikomi*-Gärten der Edo-Zeit wesentlich weiter. Man verließ sich nicht mehr wie in den traditionellen Gärten auf die Natur, sondern ersetzte diesen Gestaltungsansatz durch einen Formalismus, der sich in vielen Gärten des Okzidents fand. Es wurde bereits mehrfach diskutiert, ob dieser westliche Einfluss auf die japanische Gartengestaltung durch christliche Missionare eingebracht worden sein könnte. Die *karikomi*-Gärten der Edo-Zeit sind zumindest ein passendes Bindeglied zu den modernen Gärten.

Eines der schönsten Beispiele ist der Hōrai-Garten des Daichi-ji in der Präfektur Shiga. Dort wurden Azaleenstauden zu Quadern und Wellenformen geschnitten, die sich hin und her windend eine dynamische und zugleich kontrollierte Energie ausstrahlen. Manche Betrachter sehen in diesem Garten einen zusammengekauerten Drachen versinnbildlicht. Es heißt jedoch, dass hier ein Schatzschiff dargestellt werden sollte, das um die Insel Hōrai kreuzt. Die kurz geschnittenen Würfel in der Mitte der Heckenkomposition symbolisieren den Schatz. Der Garten wurde kurz nach Beginn des 17. Jahrhunderts angelegt, als die Tokugawa-Herrschaft wieder für Ordnung gesorgt hatte. Obwohl der Garten von Kobori Enshū geplant worden sein soll, muss wohl eher sein Enkel als der tatsächliche Gestalter gelten.

Ein vergleichbarer Garten aus dieser Zeit befindet sich in der Klosteranlage Raikyū-ji in Bitchū-Takahashi, Kreis Okayama. Im Garten liegt eine aus Felsen und geschnittenen Hecken gestaltete Insel inmitten eines Meeres aus geharktem, weißem Sand. Auf einer Seite stehen Azaleenhecken, die zu riesigen Wogen geschnitten sind. Auf der anderen Seite wurden Hecken als Rahmung für eine geborgte Aussicht auf den Berg Atago getrimmt, ein überaus gelungenes Beispiel für die *shakkei*-Technik.

Ein kleines, doch ebenso schönes Beispiel für sorgfältig in abstrakte Formen geschnittene Hecken findet man im Garten des Fukuchi-in, einem Nebentempel des großen Shingon-Klosters auf dem heiligen Berg Kōya. Gäste, die hier im *shukubō* übernachten, genießen das Privileg, das sich verändernde Gesicht der wie sanfte Hänge geschnittenen Azaleenhecken im wechselnden Licht des Tages zu sehen.

Das Aussehen des Gartens verändert sich auch im Lauf der Jahreszeiten. Im Frühling sind die Hecken von Blüten überzogen, im Sommer sattgrün, im Winter nehmen sie ein flammendes Orange an.

Gegenüber: Der *karikomi*-Garten des Daichi-ji in Shiga, vom Tempelinneren aus betrachtet.

Ganz oben: Detail des *karikomi*-Gartens im Tempel Daichi-ji mit dem gerechten Kies vor der in Schlangenform geschnittenen Hecke.

Oben: Der *karikomi*-Garten des Fukuchi-in auf dem Berg Kōya mit einer im Teich gelegenen Insel, gerechtem Kies und den in Form geschnittenen Azaleenhecken.

Katsura Rikyū

Oben: Eine getrimmte Kiefer und hohe Hecken werden eingesetzt, um lange Blickachsen durch den Garten zu verstellen. Das zählt zu den *miegakure*-Techniken, die im Katsura-Park so geschickt eingesetzt werden.

Unten: Die Gesamtanlage mit dem Gebäudekomplex des Katsura Rikyū in der »Wildgansformation« am Ufer eines großen Sees mit zahlreichen Miniaturlandschaften und Teehäusern.

In der frühen Edo-Zeit übereignete der zweite Tokugawa-Shogun Hidetada ein großes, im westlichen Stadtgebiet von Kyoto liegendes Grundstück an den Prinzen Hachijō-no-miya Toshihito. Bald wurden dort der Palast Katsura Rikyū und ein großer Teich für Bootspartien angelegt. Zwischen 1641 und 1662 erweiterte Toshihitos ältester Sohn Toshitada die Residenz und er ließ zusätzliche Bauten in der Gartenanlage errichten. Sie gilt vielen als die schönste Anlage in Japan.

Die Residenz

Toshihito erhielt das Katsura-Anwesen als Würdigung seiner Dienste als Vermittler. Ursprünglich befand sich dort ein Gebäudekomplex aus der Heian-Zeit, in dem sich vielleicht manche Episoden aus Murasaki Shikbus berühmtem Roman *Die Geschichte des Prinzen Genji* (*Genji monogatari*) abgespielt haben.

Die Residenz im Sukiya-Stil besteht aus vier miteinander verbundenen, im Grundriss aber stufig versetzten Gebäuden: Alter Shoin, Mittlerer Shoin, Musikpavillon und Neuer Palast. Das somit entstehende Bauwerk fügt sich gut in die 6,9 ha große Parkanlage. Die stufige Anlage, bei der die Terrassen und Traufen jedes Gebäudes versetzt und unterschiedlich hoch sind, ist als »Wildgansformation« bekannt, eine Gestaltung, die schon in der Heian-Zeit für Shinden-Paläste eingesetzt wurde. Die Böden sind mit *tatami* ausgelegt und die Innenräume können durch dekorierte Schiebetüren in unterschiedliche Größen gegliedert werden. Die äußeren Schiebetüren können geöffnet oder entfernt werden, sodass ein mehr oder weniger unmittelbarer Kontakt zur wunderschönen Umgebung entsteht.

Direkt an den Alten Shoin schließt sich eine große Terrasse an, die auf den See blickt: Hier versammelte man sich, um den Mond zu genießen. Der Neue Palast (Shingoten), ein Raum im Shoin-Stil, in dem sich eines der drei berühmtesten Stufenregale Japans befindet, wurde angeblich eigens für den Besuch des Kaisers Gomizuno-o erbaut.

Der Garten

Begehbare Gärten gestaltete man schon weit früher, doch gilt die Anlage Katsura Rikyū als der erste echte, großflächige Wandelgarten. Der Garten umgibt einen großen, künstlich angelegten See mit einer abwechslungsreich gestalteten Uferlinie. Die sich somit ständig verändernden Aussichten werden durch *miegakure*-Techniken noch variiert, da man nicht zu viele Szenerien des Gartens auf einmal erblicken soll. Im Garten findet man drei

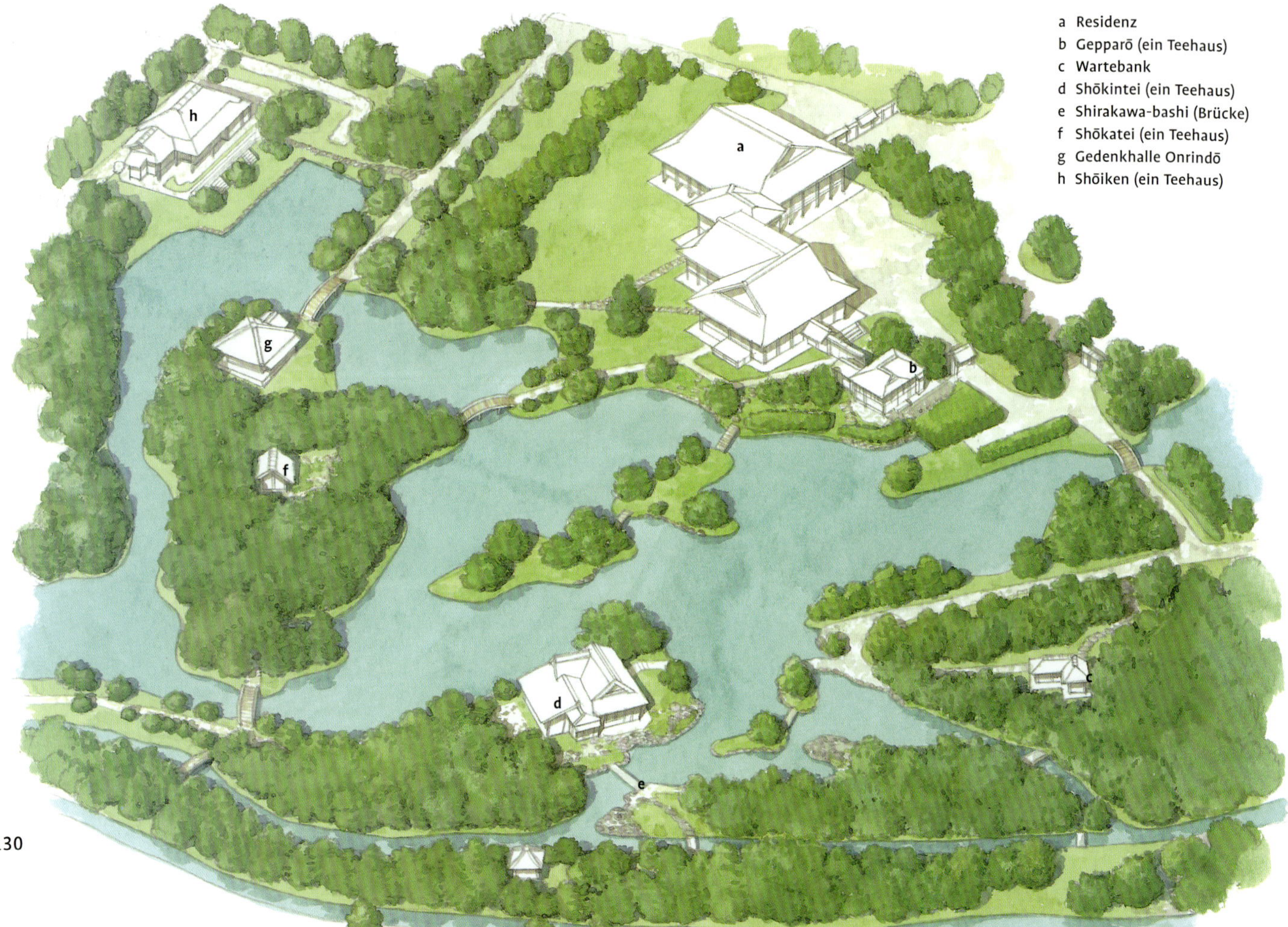

Arten von Trittsteinen: formal (*shin*), halbformal (*gyō*) und formlos (*sō*). Sie führen über Brücken, vorbei an Steinlaternen und Felskompositionen. An besonders schönen Punkten am Weg stehen vier Teehäuser, die sich so perfekt in ihre Umgebung einpassen, dass sie schon zu den Gartenszenen selbst zählen. Wie die Residenz sind auch die Teehäuser im Sukiya-Stil gehalten: undekorierte Balken, schlichte Linienführung sowie mit Rinde oder Stroh gedeckte Dächer. Aufgrund der großen Sorgfalt, die bei der Gestaltung auf die Kleinigkeiten verwendet wurde, herrscht trotz der immensen Größe des Gartens eine vertraute Atmosphäre wie in einem Tee-*roji*.

Katsura Rikyū wurde in der westlichen Welt durch den deutschen Architekten Bruno Taut bekannt gemacht, der die Katsura Villa und den Ise-Schrein zum Höhepunkt japanischer Ästhetik erklärt hatte. Auch wenn andere Gärten die Überlegenheit der Katsura Villa oftmals herausgefordert haben, sollte keiner dieser Gärten so viel gestalterischen Einfluss auf nachfolgende Anlagen in Japan oder in anderen Teilen der Welt nehmen. Eine Besuchserlaubnis für die Parkanlage erhält man auf Ersuchen bei der Verwaltung der Kaiserlichen Liegenschaften in Kyoto, das Amt liegt neben dem Kaiserpalast.

Oben: Die reiche Bepflanzung mit verschiedenen Bäumen, Sträuchern und Blumen sowie die Brücken und Pavillons dienen in den ständig wechselnden Szenerien als Blickfänger. Die Abbildung zeigt die Gedenkhalle Onrindō, die dem Andenken der Katsura-Familie gewidmet ist.

Links: Stein- und Holzbrücken verbinden die verschiedenen Gartenbereiche. Auf der Ostseite vor dem Teehaus Shōkintei überspannt eine 6 m lange, behauene Steinbrücke – Shirakawa-bashi – den Teicharm. Der buddhistischen Lehre zufolge muss man auf dem Weg ins Reine Land des Westlichen Paradieses eine lange, schmale Brücke überqueren, auf der viele Gefahren wie Feuer und Dämonen lauern. Vielleicht symbolisiert Shirakawa-bashi diesen Lehrgedanken.

Sentō Gosho und Shūgaku-in

Unten: Blick auf das Teehaus Yūshintei jenseits des Nordteichs im Sentō Gosho. Yūshintei wurde 1884 aus dem Anwesen der Familie Konoe hierher versetzt, um den ursprünglichen, bei einem Brand zerstörten Pavillon zu ersetzen.

Gegenüber oben: Blühende Glyzinen an der Zickzack-Brücke (Yatsu-hashi) im Sentō Gosho. Die Brücke verbindet das Westufer des Südteichs mit einem darin gelegenen Inselchen.

Gegenüber unten: Diese mit Erde bedeckte Brücke (*dobashi*) im Kaiserpalast Sentō Gosho verbindet die Insel mit dem Teichufer.

Seiten 134/135: Der Nordteich des Sentō Gosho im Herbst.

Der kaiserliche Sentō-Palast (Sentō Gosho) und die kaiserliche Villa Shūgaku-in (Shūgaku-in Rikyū) wurden für den abgedankten Kaiser Gomizuno-o errichtet. Sentō Gosho, in direkter Nachbarschaft zum Palast des regierenden Kaisers (Kyoto Gosho) gelegen, wurde 1630 fertig gestellt und diente als kaiserlicher Altersruhesitz. Shūgaku-in in den Hügeln nordöstlich der Stadt wurde 1659 fertig gestellt und diente als Sommerresidenz. Die hervorragende Gestaltung um Palast und Villa spiegelt die Vorliebe des Kaisers Gomizuno-o für möglichst natürlich aussehende Gärten wider.

Kaiser Gomizuno-o

Gomizuno-o bestieg im Alter von 15 Jahren den Kaiserthron. Mit 24 Jahren heiratete er Kazuko, eine Tochter des zweiten Tokugawa-Shoguns Hidetada. Als das Paar einen Sohn bekam, beauftragte die Tokugawa-Herrschaft mit Kobori Enshū den berühmtesten Gartengestalter seiner Zeit, den Sentō Gosho zu errichten. Der Altersruhesitz sollte den Kaiser dazu veranlassen, zugunsten seines Sohnes möglichst früh abzudanken. Das Kind starb, gefolgt von einem zweiten Thronfolger, der ebenfalls verstarb. Schließlich wurde eine Tochter zur Regierenden Kaiserin ausgerufen. Gomizuno-o gab dem Druck des Shoguns nach und dankte mit 33 Jahren ab. Zum ersten Mal seit der frühen Nara-Zeit herrschte nun eine Kaiserin nominell über Japan.

Durch die politische Einmischung der Tokugawa-Sippe im Grunde höchst beleidigt, wurden der Kaiser und seine Frau nach der Zahlung einer immensen Leibrente friedlich gestimmt und sie söhnten sich wieder mit dem Shogun aus. Zusammen nahmen Kaiser und Tokugawa-Shogune den Wiederaufbau der in 200 Jahren Fehde und Kriegen zerstörten Hauptstadt in Angriff. Gomizuno-o überlebte vier Tokugawa-Shogune. Eine der interessantesten Herrscherfiguren der japanischen Geschichte, starb er im Alter von 85 Jahren als Vater von 32 Kindern. Er leistete einen unauslöschlichen Beitrag zur japanischen Gartenkunst.

Sentō Gosho

Zusätzlich zu dem als Ruhesitz für den Kaiser gedachten Palast Sentō Gosho errichtete man für die Gattin einen eigenen Plast namens Ōmiya Gosho. Dieser wurde nach ihrer Erhebung zur Kaiserin umbenannt in Tōfukumonin. Beide Paläste wurden 1630 fertig gestellt. Danach verbrachte Kobori Enshū einige Jahre damit, den weitläufigen *chisen-kaiyū-shiki* – Wandelgarten um den See – auf dem Palastgelände anzulegen. Gomizuno-o, ein in der Blumensteckkunst und der Teezeremonie bewanderter Mann von Geschmack und Anhänger des Zen, nahm aktiv an der Gestaltung teil.

Beide Paläste brannten mehrfach nieder und wurden unter der Tokugawa-Herrschaft immer wieder aufgebaut. Sentō Gosho blieb im Laufe der Zeit stets der Sitz des abgedankten Herrschers, bis ein verheerendes Feuer im Jahre 1854 beide Paläste zum sechsten Mal vernichtete sowie den benachbarten Regierungssitz Kyoto Gosho zerstörte. Ōmiya Gosho wurde auf dem Gelände des Sentō Gosho für die Witwe von Kaiser Kōmei 1867 wieder errichtet. Das Hauptgebäude existiert bis heute und wird vom amtierenden Kaiser genutzt, wann immer er Kyoto besucht. Sentō Gosho selbst wurde nie wieder aufgebaut, weil es keinen weiteren Kaiser mehr gab, der abgedankt hätte. Daher sind die beiden ältesten Bauten innerhalb der Anlage heute die beiden Teehäuser Seikatei und Yūshintei.

Die 8,9 ha große Anlage, bei deren Gestaltung vermehrt *miegakure*-Techniken (Versperren der Aussichten) einsetzt wurden, umschließt zwei Teiche. Ein Weg führt vom Südgarten mit dem Ōmiya Gosho am Teehaus Yūshintei vorbei und um den Nordteich herum. Er quert den Kanal zwischen Nord- und Südteich über eine mit Erde gestaltete Brücke. Vom Westufer hat man einen schönen Blick auf den Wasserfall und ein Felsarrangement auf der anderen Seite. Der Weg führt auf einer Zickzack-Brücke mit Glyzinen-Treillage über den Südteich und um das südliche Ufer herum. Dort liegt der berühmte Kieselstrand mit Steinen einheitlicher Größe und Form (siehe Seiten 52/53). Das Teehaus Seikatei befindet sich ebenfalls am Südufer.

Shūgaku-in

Nachdem Kaiser Gomizuno-o sich zur Ruhe gesetzt hatte, verbrachte er einige Jahre damit, einen geeigneten Platz für eine Villa auf dem Lande zu finden,

wo er sich erholen und seinen Freizeitbeschäftigungen nachgehen konnte. Schließlich ließ er sich am Fuß des Berges Hiei nördlich von Kyoto nieder. Die neue Villa – Shūgakuin –, aus Geldtöpfen des Tokugawa-Shogunats finanziert, wurde auf dem Gelände eines vormaligen Tempels errichtet, von dem sie auch ihren Namen erhielt. Es heißt, Gomizuno-o wäre so versessen auf seine Villa gewesen, dass er für jeden Trittstein und jede Pflanze ein Tonmodell anfertigen ließ, bevor die Objekte tatsächlich ausgesucht und an Ort und Stelle eingesetzt wurden.

Das riesige Anwesen von 53,8 ha Fläche ist auf drei Ebenen angelegt, von denen jede über einen eigenen Gebäudekomplex verfügt. Dazu erwarb das Kaiserliche Liegenschaftsamt im Jahr 1964 noch 7,7 ha Felder, um den ursprünglich ländlichen Charakter des Originalplanes zu bewahren. Die drei Ebenen sind durch einen geschotterten, von Kiefern gesäumten Pfad verbunden. Eine Bergkette mit

dem heiligen Berg Hiei dient dem Park als Hintergrund und lenkt den Blick in die Ferne. Diese Komposition gilt oft als die dramatischste Gestaltung mit einer geborgten Landschaft (*shakkei*), die je in Japan angelegt wurde.

Jugetsukan – die Untere Villa – ist ein Pavillon im Stil eines Teehauses. Dort sammelte sich der Kaiser, bevor er höher hinaufstieg. Im vorderen Garten des Pavillons verläuft ein Flüsschen, das auf dem Hiei entspringt und in einen kleinen See unterhalb der Villa mündet. Am Gartenpfad stehen etliche nach ihrer Form benannte Steinlaternen. Von der Veranda der Halle sieht man auf benachbarte Reisfelder. Daran stößt eine etwa 200 m lange, zweireihige, fein geschnittene Hecke (Ōkarikomi). Sie verbirgt einen Damm, der das Wasser für den Teich des oberen Gartens anstaut.

Die Mittlere Villa, die als Residenz für Prinzessin Ake, Gomizuno-os achte Tochter, errichtet wurde, besteht aus zwei Gebäuden: Rakushiken und Kyakuden. In letztgenannter Halle steht eines der drei meistgeschätzten Einbauregale im Shoin-Stil. Von der Mittleren Villa kommt man auf einem Pfad über eine steile Treppenflucht zu einer Aussichtsterrasse, von der man einen atemberaubenden Blick auf die Stadt Kyoto, die umliegenden Berge und einen Teich namens Yokuryū-chi hat. Der Teich soll einem schwimmenden Drachen ähneln. Die zwei Inseln im Teich sind durch Brücken sowohl miteinander als auch mit dem Ufer verbunden. Auf einer der Inseln steht ein Teepavillon (Kyūsutei). Am südlichen Teichufer liegt der so genannte »Pavillon der nahen Wolke« (Rinuntei), eine Villa im einfach-strengen Stil der Teehütten. Da Rinuntei so angelegt wurde, dass die Besucher von hier das Panorama genießen konnten, gibt es im Gebäudeinneren keinerlei Dekoration, die von der Aussicht ablenkt. Hinter dem Gebäude zieht sich ein Baumbestand die Vorberge hinauf, was den Garten scheinbar grenzenlos erscheinen lässt.

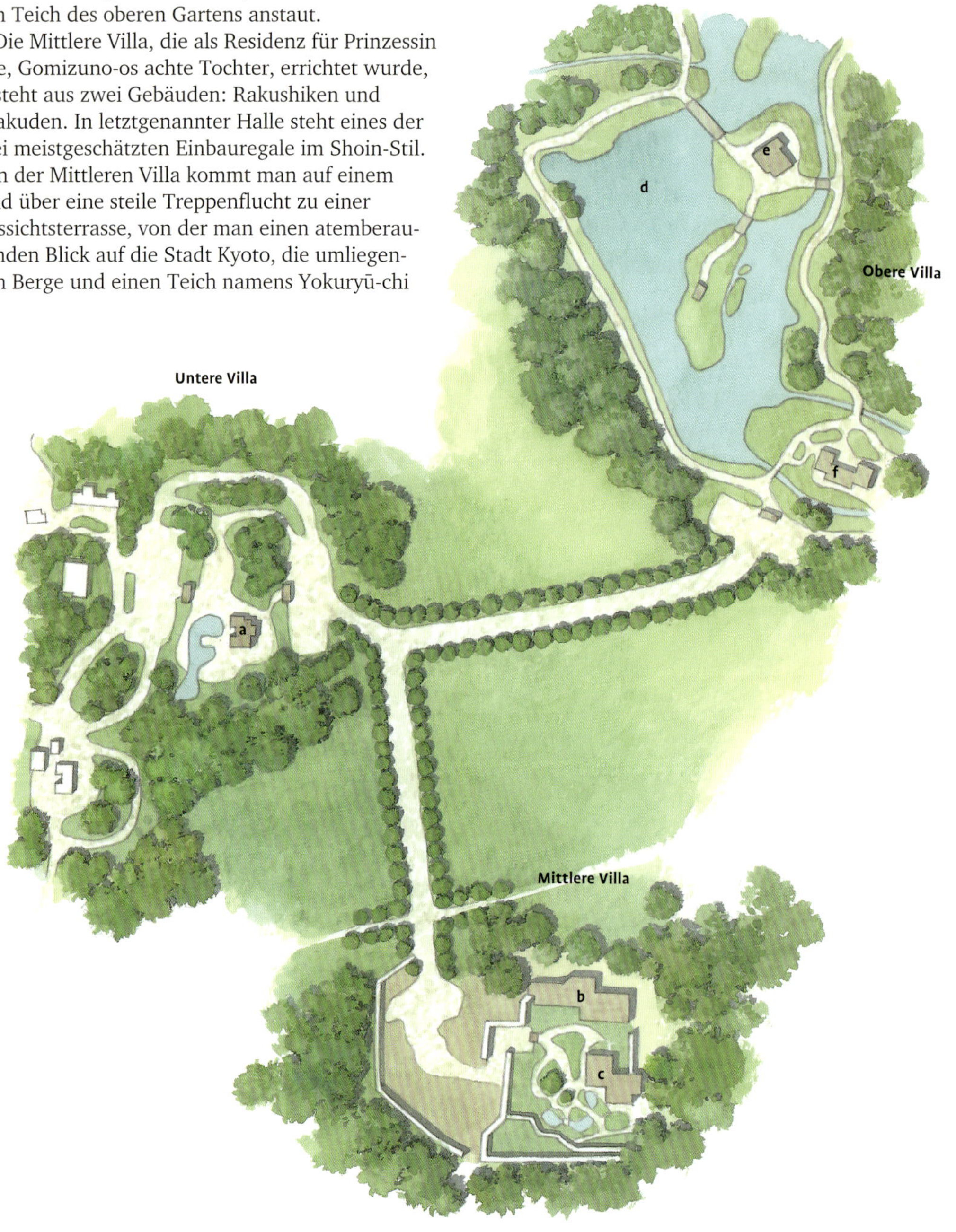

Oben: Eine Steinlaterne in Form eines strohgedeckten Pavillons, Shūgakuin.

Unten: Die Anlage der kaiserlichen Villa Shūgakuin auf drei verschiedenen Ebenen, die durch mit Kiefern gesäumte Wege verbunden sind.

a Jugetsukan
b Rakushiken
c Kyakuden
d Yokuryū-chi (Teich)
e Kyūsuitei
f Rinuntei

Oben: Panorama des Teichs Yokuryū-chi im kaiserlichen Landsitz Shūgaku-in mit der geborgten Aussicht auf die entfernte Bergkette. Rechts kann man ein Stück einer gedeckten Brücke namens Chitosebashi sehen.

Links: Der stilistisch wie eine Teehütte einfach-strenge »Pavillon der nahen Wolke« (Rinuntei) im oberen Gartenbereich des Shūgaku-in liegt am Südufer des Yokuryū-chi. Um nicht von der Aussicht abzulenken, wurde der Pavillon gezielt schmucklos gestaltet.

Suizen-ji Jōjuen

Der Bau des Suizen-ji Jōjuen in Kumamoto auf der Insel Kyushu wurde 1636 unter der Herrschaft des *daimyō* der Provinz Higo, Hosokawa Tadatoshi, begonnen und nach einer Bauzeit von acht Jahren fertig gestellt. Im Jahr 1879 machte man daraus einen öffentlichen Park. Es handelt sich um einen klassischen Wandelgarten mit einem zentralen, von einer Quelle gespeisten Teich, einer Landschaft aus künstlichen Bergen, darunter einer in Form des Fujiyama, und einem über 400 Jahre alten Teehaus im Shoin-Stil.

Geschichte

Im Jahre 1623 gründete Hosokawa Tadatoshi einen Tempel namens Suizen-ji an der Stelle des heutigen Gartens. Der Tempel wurde später durch ein Teehaus ersetzt und die Anlage in Jōjuen umbenannt. Im Jahre 1878 wurde der Izumi-Schrein zum Gedenken an die Hosokawa-*daimyo* am nördlichen Teichende errichtet. Zur gleichen Zeit entstand auch die auf der Südseite des Teiches gelegene No-Bühne. Weiterhin gibt es in der Anlage einen Fuchs-Schrein, eine Bühne zur Aufführung geheiligter Tempeltänze, eine Gedenkstele für den Meiji-Kaiser und ein Teehaus namens Kokin Denju no Ma, das 1912 aus der Katsura-Villa in Kyoto zum Andenken an Hosokawa Fujitaka hierher versetzt worden ist. Fujitaka hatte den Prinzen Toshihito, der die Katsura-Villa für sich errichten ließ, in die geheimen Lehren der *waka*-Dichtung (eine Form klassischer Kurzgedichte) eingeführt. Im Jahr 1964 erklärte die Verwaltung der Präfektur Kumamoto das Teehaus zum bedeutenden Kulturschatz.

Kumamoto ist darüber hinaus für die rekonstruierte Burg bekannt, die ursprünglich 1607 von Japans berühmtestem Festungsbaumeister Katō Kiyomasa errichtet wurde. Das Original wurde 1877 zerstört.

Suizen-ji Jōjuen in Kumamoto auf der Insel Kyushu aus der Vogelperspektive gesehen. Der berühmte Kegel, der den Fujiyama symbolisiert, liegt rechts vom Teich. Das strohgedeckte Teehaus Kokin Denju no Ma, das ursprünglich zur Katsura Villa gehörte, steht links.

a Kokin Denju no Ma
b Gedenkstele für den Meiji-Kaiser
c Kaguma (Theater)
d Izumi-Schrein
e Kegel, der den Berg Fuji symbolisiert
f No-Bühne

Der Garten

Der 6 ha große Wandelgarten Suizen-ji Jōjuen zeichnet in Miniatur die 53 Poststationen des Tōkaidō nach, einer Fernstraße, die während der Togukawa-Zeit die zivile Hauptstadt Kyoto mit der Militärhauptstadt Edo verband. Diese 53 Relaisstationen wurden durch eine von Hiroshige angefertigte Serie von Farbholzschnitten unsterblich gemacht. Auffallend innerhalb des Gartens ist ein kegelförmiger, grasbewachsener Hügel, eine Kopie des Fujiyama. Dieser künstliche Fujiyama ist in eine Reihe sorgfältig konturierter Hügel eingebettet, auf denen exakt geschnittene Kiefern wachsen. Die Höhe der Hügel ist optisch dadurch manipuliert, dass die Bäume an den Hängen in ihrer Größe reduziert wurden, je weiter es auf die Kuppe zugeht.

Dieses Hügelpanorama zieht sich am östlichen Ufer eines Teiches entlang, der dem berühmten Biwa-See nachempfunden ist. Der Teich wird durch klares Quellwasser vom nahe gelegenen Vulkan Aso gespeist. Diese Quelle war übrigens maßgeblich für Hosokawa Tadatoshis Entscheidung, den Garten hier anzulegen. Der *daimyō* wollte sich einen Rückzugsort für Teezeremonien schaffen und er hielt das Wasser hier für höchst geeignet, um einen besonders schmackhaften Tee zuzubereiten. Im Teich liegen drei Inseln, wovon zwei durch eine Reihe flacher Felsen in nordsüdlicher Richtung miteinander und mit dem Ufer verbunden sind. Diese Art von Trittsteinanlage wird *sawatobi-ishi* genannt – Trittsteine durch den Sumpf.

Obwohl Suizen-ji Jōjuen als Wandelgarten konzipiert wurde, zeigt die Anlage östlich der Hügelgruppe keinen besonderen künstlerischen Geschmack. Die schönste Sicht auf den Garten hat man von einer Stelle in der Nähe des Eingangs: über den Teich hinweg nach Osten zum miniaturisierten Fujiyama. Im Sonnenuntergang erstrahlen Teich und Hügel und bieten einen der idyllischsten Gartenanblicke, den man in japanischen Gärten überhaupt genießen kann. In dieser Hinsicht ähnelt Suizen-ji Jōjuen eher den Shinden- oder Shoin-

Am Westufer des Teichs liegt das 400 Jahre alte Teehaus, das ursprünglich in Katsura Rikyū stand. Darin befindet sich der Kokin Denju, ein Raum, in dem der erster Hosokowa-*daimyō* den kaiserlichen Prinzen Hachijō-no-miya Toshihito in die Geheimen Lehren der waka-Dichtung aus dem 10. Jahrhundert (Kōkinshu) einführte. Vor dem Teehaus sieht man eine der Inseln, die durch Trittsteine zugänglich sind.

Gärten, die man auf einen Blick genießen konnte, als Wandelgärten wie Katsura Rikyū, wo der Garten nicht auf einen Blick erfasst werden sollte. Mit anderen Worten: Der Garten erinnert an einen der großartigen Gärten, die man aus den Fenstern des Adachi-Museums erblickt. In beiden Fällen steht man vor malerisch derart perfekt komponierten Szenen, dass schon das Verschieben eines einzigen Elements den Reiz völlig zunichte machen würde.

Unglücklicherweise ist die Gartenpartie westlich des Teichs heute mit Souvenir-Läden touristisch-kommerziell gestaltet. Im Winter, wenn die als Hintergrund des Gartens dienenden Bäume ihr Laub abgeworfen haben, rücken zudem die umliegenden städtischen Hochhäuser ins Bild. Trotz dieser Ablenkungen muss Suizen-ji Jōjuen als eines der Meisterwerke japanischer Gartenkunst gelten.

Gegenüber: Der Teich wird durch eine Quelle auf dem nahen Vulkan Aso gespeist. Blick auf eine Miniatur des Fujiyama über die spiegelnde Teichoberfläche hinweg.

Ganz oben: Der lange, sanfte Hang auf der Aufnahme links verläuft weiter in den Hügeln auf dieser Aufnahme. Diese endlose Panoramaansicht, die sich beim Eintritt in den Garten entfaltet, ist höchst überraschend.

Oben: Eine einzelne Kiefer wurde so gestaltet, dass sie die die dahinter liegende Hügelkontur aufnimmt. Auch die Steine verstärken die Effekte des wellenförmigen Profils.

Ritsurin Kōen

Oben: Ein steinernes Handwaschbecken vor dem Kikugetsutei.

Unten: Die Anlage des Ritsurin Kōen

a Fuyōhō (Hügel)
b Nördlicher Teich
c Hiraihō (Hügel)
d Brücke Engetsukyō
e Südlicher Teich
f Kikugetsutei – Pavillon, wo man den Mond schöpft
g Shōfuda (Felsformation)
h Kansui (Teich)
i Teehaus Higurashitei
j Brücke Bairinkyō
k Westlicher Teich
l Fuyo-Teich
m Gunō-Teich

Ritsurin Kōen in Takamatsu auf der Insel Shikoku ist eines der besten Beispiele für einen großen *daimyō*-Wandelgarten. Die sechs Teiche und 13 künstlichen Berge des Ritsurin Kōen wurden 1745 nach fast einhundertjähriger Bauzeit fertig gestellt. Direkt am Fuß des Berges Shiun gelegen, ist der Garten besonders bekannt für die sorgsam in Form geschnittenen Schwarz-Kiefern, die Steingestaltungen, die Aussichten auf Wasserflächen und Flüsschen, Brücken und eine Villa.

Geschichte

Die Anfänge des Ritsurin Kōen liegen unergründlich in der Vergangenheit. Die älteste Felsgestaltung – Shōfuda – wurde ausgegraben und datiert vermutlich auf den Beginn der Muromachi-Zeit. Der Gestalter und die Umstände ihrer Entstehung sind unbekannt. Während der Momoyama-Zeit bewohnte eine gewisse Familie Ikoma das Gelände. Später ging das Anwesen in den Besitz des Matsudaira Yorishige über, der im Jahre 1642 durch den Tokugawa-Shogun zum ersten *daimyō* der Region ausgerufen wurden. Als die Matsudaira mit den Gestaltungsarbeiten ihres Besitztums begannen, nahmen sie zuerst zur Vermeidung von Überflutungen die Regulierung und Umleitung des Flusses Katōgawa in Angriff. Das alte Flussbett bot eine ideale Möglichkeit, den Garten nach Norden hin auszuweiten. Yorishige ließ im Garten für sich und seine Tochter dann eine Villa als Ruhesitz bauen.

Unter der Herrschaft des zweiten Matsudaira-*daimyō* war die Region wegen einer Dürre in schlimmem Zustand. Um die lokale Situation zu verbessern, warb Yoritsune die örtliche Bevölkerung an, die Anlage weiter zu gestalten. Die Leute erhielten Geld oder Reis als Arbeitslohn oder als Bezahlung, wenn sie schöne Steine oder seltene Hölzer anlieferten. Der Südgarten wurde unter der Herrschaft des dritten *daimyō* fertig gestellt.

Der 54 ha große Landsitz diente bis zur Meiji-Restauration im Jahr 1868 elf Matsudaira- *daimyōs* in Folge als Residenz. Dann wurde die feudale Herrschaftsform in Japan zugunsten einer Demokratie nach westlichem Vorbild abgelöst. Im Jahre 1872 wurde der Garten der Präfektur Takamatsu zugeordnet, die heute Kagawa heißt. 1876 machte man das Anwesen Ritsurinsō der Öffentlichkeit zugänglich und benannte es in Ritsurin Kōen um. Seit 1953 wird der Garten in einer Liste von Orten besonderer landschaftlicher Schönheit geführt.

Der Garten

Ritsurin Kōen ist in einen Nord- und einen Südgarten geteilt. Der Nordgarten diente in der Vergangenheit der Entenjagd. Heute ist es ein botanischer Garten, in dem die Ersatzpflanzen für den Südgarten kultiviert werden. Nord- und Südgarten sind durch eine lange Reihe *kuromatsu* (Schwarz-Kiefern) abgetrennt. Die Kiefern heißen auch Heckenkiefern, weil sie sehr eng stehen und zu einer hohen, kastenförmigen Hecke geschnitten wurden.

Durch den Südgarten, um die durch Wasserläufe verbundenen Teiche und Hügel, winden sich zahlreiche Wege. Die drei größten Teiche sind der Nördliche, der Südliche und der Westliche Teich. Der Berg Shiun an der Westgrenze des Gartens bildet einen dramatischen Hintergrund, der ein Bestandteil des Gartens zu sein scheint. Kikugetsutei – der Pavillon, wo man den Mond schöpft, ein Teehaus, das ursprünglich direkt in den Wohnkomplex der Matsudaira-Familie integriert war, steht heute am Ufer des Südlichen Teichs. Der Südgarten verkörpert einen typischen Horai-Garten mit Inseln und Felsen, die die Wohnstätte der Unsterblichen symbolisieren. Vom Kikugetsutei, einem herausragenden Beispiel für die so genannte Sukiya-Architektur, aus hat man einen guten Blick auf den Teich mit einer farbenfrohen Bogenbrücke und dem dahinter liegenden künstlichen Berg.

Oben: Der zentrale Blickfänger des Südlichen Teichs ist eine Gruppe von fünf Felsen, die die Inseln der Unsterblichen (*hōraī*) symbolisieren.

Links: Das alte Teehaus Higurashitei wurde dreimal versetzt, bis es am Ufer des Westlichen Sees endlich seinen angestammten Platz fand.

Seiten 144/145: Blick auf den Südlichen Teich von der Höhe des Hiraihō aus. Die von Menschenhand gestalteten Elemente – Kukigetsutei und Engetsukyō-Brücke – sind so platziert, dass die geborgte Aussicht mit dem Berg Shiun keine übermächtige Wirkung entfalten kann.

An den Nördlichen See, der in den Tagen des zweiten *daimyō* angelegt wurde, schließt östlich ein künstlicher Berg an, der Fuhōyō. Von dort aus hat man eine wunderbare Aussicht auf die zwei Inseln im See und auf eine rote Brücke, die den Wasserlauf zwischen Nördlichem und Westlichem See überspannt. Der Nördliche See gilt aufgrund der getrimmten Kiefern an seinem Ufer als besonders gelungene Komposition. Am Weg zwischen Nördlichem und Südlichem See liegen zahlreiche Felsarrangements, darunter der Sich umblickende Löwe – *mikaeri shishi* – und der Päonien-Felsen – *botan-ishi*.

Das entfernte Ufer des Westlichen Sees geht direkt in die steilen Vorberge des Berges Shiun über. Am Hang wurde ein hoher Wasserfall angelegt. Zur Zeit der Feudalfürsten schleppte man das Wasser in Fässern den Hang hinauf und verbarg die Fässer zwischen den Bäumen. Wenn der Fürst vorüber schlenderte, leerte man sie aus, sodass er den Wasserfall genießen konnte. Am Ostufer des Westlichen Sees steht ein Teehaus im Grashütten-Stil, das unter der Herrschaft des zweiten *daimyō* entstand. Ein größeres, 1898 errichtetes Teehaus im Shoin-Stil liegt in direkter Nachbarschaft. In einigen Bereichen des Parks wurden die Büsche zu kubischen Formen geschnitten, um so einerseits einen Übergang und andererseits einen Kontrast zwischen höchst künstlerisch gestalteten und den natürlicheren Arealen gestalten.

Oben: Das Felsarrangement Shōfuda trägt seinen Namen nach dem heiligen Berg Fuda in China. Es heißt, es sei in der frühen Muromachi-Zeit um das Jahr 1400 entstanden.

Gegenüber: Die Insel Yōtō im Kansui-Teich westlich des Kikugetsutei zeigt die interessanteste Felskomposition des Gartens.

Kenrokuen

Gegenüber: Im Kenrokuen gibt es 18 Steinlaternen unterschiedlicher Form und Größe. Die berühmteste ist die Kotoji genannte Laterne. Ihr Name rührt von der Ähnlichkeit mit der Form des Griffbretts der Koto, eines traditionellen Musikinstruments her.

Seiten 150/151: Zusätzlich zu Kiefern stehen zahlreiche weitere Baum- und Pflanzenarten im Kenrokuen. Besonders schön sind die an den Wasserläufen blühenden Kirschbäume, Schwertlilien und Azaleen.

Unten: Anlage des Kenrokuen

a Hisago-Teich
b Kasumi-ga-ike (Nebelteich)
c Kotoji (Steinlaterne in Form einer Koto)
d Karasaki (Kiefer)
e Seison-kaku (Villa)

Kenrokuen, ein in Kanazawa gelegener, weitläufiger Wandelgarten, wurde 1676 von Maeda Tsunanori, dem fünften *daimyō* von Kaga begonnen. Der dreizehnte *daimyo* Maeda Nariyasu stellte ihn 1837 fertig. Der Name Kenrokuen – Garten der sechs Perfektionen – soll auf einen klassischen chinesischen Text zurückgehen, dessen japanischer Titel *Rakuyo Meienki* lautet. Darin heißt es, dass ein Garten sechs Merkmale aufweisen solle: Größe, Abgeschiedenheit, einen Hauch von Vergangenheit, Genialität, einen Wasserlauf und verschiedene Landschaftsszenerien.

Geschichte

1583 übernahm Maeda Toshiie im Auftrag des um die Reichseinigung bemühten Generals Toyotomi Hideyoshi die Herrschaft über die Region Kaga. Die Burg Maeda wurde auf einem Hügel zwischen zwei Flüssen errichtet und die Stadt Kanazawa entwickelte sich im Schatten der Festung. Als eines der Verwaltungszentren der feudalen Herrschaft war Kanazawa während der Edo-Zeit Japans viertgrößte Stadt. Die Maeda-Sippe erhielt den Lehenstitel *tozama daimyō* (auswärtige *daimyō*), was sich darauf bezog, dass sie zum Kreis von Oda Nobunaga oder Toyotomi Hideyoshi zählten, nicht zum ersten Tokugawa Shogun Ieyasu. Während der Edo-Zeit standen die *tozama daimyō* unter strenger Aufsicht durch das Shogunat. Um nicht in irgendwelchen Verdacht zu geraten, gaben sie große Summen Geldes für Gartenanlagen, Kunst und Kunsthandwerk aus statt es in den Bau der Festungen zu stecken. Daher wurde die Burg nie stark befestigt. Als sie 1881 niederbrannte, wurde sie nicht wieder aufgebaut. Kenrokuen – einer der drei berühmtesten Gärten Japans – diente einst als äußerer Burggarten. Mit dem Okayama Kōrakuen vergleichbar stellte auch dieser ummauerte Garten einen zusätzlichen Schutz für die Burg sowie ein Vergnügungsareal für die Maeda-Familie dar. Krieger und Bürger durften die Anlage ohne Einverständnis des Fürsten nicht betreten. Das große, zweigeschossige Tor mit Wachlokalen zu beiden Seiten (Renchimon) wurde abgebaut, als man den Park 1874 der

Oben: Durch eine natürliche Quelle ausreichend mit Wasser versorgt, ist Kenrokuen in erster Linie für seine Teiche, von Schwertlilien gesäumte Wasserläufe und die reiche Vegetation berühmt.

Gegenüber oben: Ein Trittsteinpfad führt zu einem in Form eines überdachten Bootes gestalteten Rastplatz namens Funa-no-ochin.

Gegenüber unten: Gankōbashi, die Brücke der fliegenden Wildgänse, besteht aus elf Steinen in Form von Schildkrötenpanzern.

Öffentlichkeit zugänglich machte. Heute verläuft eine Straße zwischen dem Garten und den Ruinen der Burg, die ebenfalls besichtigt werden können.

Der Garten

Der 11,3 ha umfassende Wandelgarten wurde auf zwei Ebenen gestaltet. Auf dem höher gelegenen Plateau liegt der Nebelteich – Kasumi-ga-ike –, wo sich die berühmte Koto-förmige, zweibeinige Steinlaterne befindet. Sie steht mit einem Fuß an Land, mit einem im Wasser. Vom nordöstlichen Ufer des Nebelteichs, des größten der vier Teiche im Garten, aus kann man im Norden das Japanische Meer sowie die Noto Halbinsel und im Osten den Berg Yamazaki sehen. Westlich des Kasumi-ga-ike erstreckt sich ein kleiner Teich mit einer Fontäne, die als die älteste in Japan gilt. Die durch den Kasumi-ga-ike gespeiste, 3,5 m hohe Fontäne wird durch den natürlichen Wasserdruck betrieben.

Auf der am nächsten bei der Burg gelegenen, unteren Gartenebene begann man den Bau der Anlage vor etwa 320 Jahren. Hier liegt der kürbisförmige Hisago-Teich mit einer *hōrai*-Insel. Die Insel ist deshalb einzigartig, weil die den Berg Hōrai umgebende Felskomposition eine Kombination aus *tsuru* und *kame* darstellt. Derselbe Stein sieht von einer Seite aus wie ein Kranich, aus der anderen Richtung betrachtet ähnelt er einer Schildkröte. In den Teich ergießt sich ein 7 m hoher Wasserfall namens Midori-taki – Smaragd-Wasserfall. Der aufgrund seiner bemerkenswerten Höhe ungewöhnliche Wasserfall wirkt weniger stilisiert als vergleichbare Anlagen in früheren Gärten und den Felsen fehlt die den Tempelgärten wie Tenryū-ji eigene, symbolische Bedeutung völlig.

Die Teiche und die von Iris gesäumten Wasserläufe innerhalb des Gartens werden durch einen teils unterirdisch verlaufenden Kanal mit Wasser vom Fluss Saigawa versorgt. Der Fluss liegt etwa 100 m über dem Meeresspiegel und somit auch deutlich über der Seehöhe der Parkanlage, sodass für die Wasserzuleitung im Park keine technischen Hilfen nötig waren. Dieses von Toshitsune 1631 nach einem verheerenden Brand angelegte Versorgungssystem war zugleich die Wasserreserve der Burg im Falle einer Belagerung.

Kenrokuen ist besonders für die im Frühling hier blühenden 400 Kirschbäume bekannt, die Sommerblüte der Iris und Azaleen sowie das strahlend bunte Herbstlaub. Im Winter bieten die mit *yuki-turi* gegen die Last des nassen Schnees gesicherten Kiefern einen bezaubernden Anblick (siehe auch Seiten 56/57). Diese für gewöhnlich ab 1. November aufgestellten Pfosten waren in der gesamten Region verbreitet, doch hat sich die Tradition nur im Kenrokuen erhalten. Der berühmteste Baum des Gartens ist ein Schwarz-Kiefer namens Karasaki, die der dreizehnte Maeda-Fürst hier gepflanzt hat.

Als weitere Gestaltungselemente finden sich ein Teehaus – Yūgotei – im Stil einer Grashütte, ein Hügel mit einem schirmförmigen Pavillon, eine geheiligte Quelle namens Kanazawa, zahlreiche Laternen, kunstvoll gestaltete Brücken und ein neu angelegter Teich mit Pflaumenhain. Letztgenannte nehmen die Fläche ein, die man in der ausgehenden Edo-Zeit als Reitplatz nutzte. In jüngster Vergangenheit wurden zudem zwei historische Repräsentationsgebäude wieder aufgebaut.

Kenrokuen ist ein Wandelgarten in klassischem Stil, wo der Besucher stundenlang auf allen möglichen Wegen hin und her spazieren kann. Hinter jeder Wegbiegung öffnet sich eine neue, sowohl farbenprächtige als auch abwechslungsreiche Augenweide. Wie Katsura Rikyū oder Ritsurin Kōen verkörpert auch Kenrokuen einen der wenigen Wandelgärten in Japan, der alle Merkmale eines idealen Gartens vereint – daher der Name Garten der sechs Perfektionen.

Am östlichen Ende des Gartens steht eine Villa – Seison-kaku, die der dreizehnte Maeda-Fürst für seine Mutter 1863 errichten ließ. Nachdem die Villa das verheerende Feuer überstand, das die Burg 1881 zerstörte, dient sie heute als Museum. Die reich mit Lack verzierten Balken sowie die mit Blattgold verzierten Wände spiegeln die Macht der Maeda-Familie und ein Besuch dieses historischen Gebäudes lohnt sich durchaus.

Okayama Kōrakuen

Gegenüber oben: Die Burg von Okayama ist als geborgte Aussicht (shakkei) in den Garten Kōrakuen einbezogen. Da die Wehrgräben der Burg nicht breit genug waren, um die Burg bei Angriffen ausreichend zu schützen, bauten die Ikeda-Fürsten den ummauerten Garten als zusätzliche, äußere Verteidigungsanlage.

Gegenüber unten: Die Insel Jarijima im Teich Sawa-no-ike, die aus weißem Kies mit zwei geschnittenen Schwarz-Kiefern gestaltet wurde, ähnelt einer im Ozean treibenden Insel.

Unten: Die Anlage des Okayama Kōrakuen

- a Ryūten (Pavillon)
- b Yuishinzan (Berg)
- c Burg Okayama
- d Kayō-no-ike (Teich)
- e Enyōtei (Villa)
- f Sawa-no-ike (Teich)

Den großen Wandelgarten Kōrakuen in der Stadt Okayama ließ Ikeda Tunamasa, der *daimyō* der Region Bizen, zwischen 1687 und 1700 errichten. Er gehörte bis 1884 der Ikeda-Familie, dann wurde die Anlage ein öffentlicher Park. Der Garten erhielt 1871 den Namen Kōrakuen – Garten des späteren Vergnügens, in Anlehnung an ein chinesisches Literaturzitat: »Der Fürst soll vor seinen Untertanen trauern und nach seinen Untertanen genießen.«

Geschichte

Kōrakuen diente den Ikeda als Ort der Entspannung, zum Empfang von Gästen und als Unterrichtsstätte. Hier unterwiesen sie ihre Gefolgsleute in Literatur und der Kriegskunst, insbesondere Bogenschießen und Reiten. Jede Fürstengeneration ließ ein Gebäude im Garten hinzufügen, einmal ein Teehaus, einmal ein No-Bühne. Der Garten ging 1884 in den Besitz der Präfektur Okayama über. Im Jahre 1934 durch eine Überschwemmung und 1945 durch Bombenabwürfe schwer beschädigt, wurde die Anlage auf der Grundlage von im Familienbesitz der Ikeda erhaltenen Bildern und Plänen völlig wiederhergestellt. Im Jahr 1952 gehört der Garten zu den Orten von besonderer landschaftlicher Schönheit. Seit der Edo-Zeit gilt die Anlage schon gewohnheitsmäßig als einer der drei schönsten Gärten in Japan.

Der Garten

Kōrakuen nimmt eine Fläche von 13,3 ha am Nordufer des Flusses Asahi in Okayama in Anspruch. Am gegenüber liegenden Flussufer erhebt sich die Burg, die als geborgte Aussicht (*shakkei*) in den Garten einbezogen ist. Der Garten ist im Promenaden-Stil (*rinsen kaiyū*) angelegt, wobei ein Netz aus Wegen das Gelände in allen Richtungen durchzieht. Schnell hat man auf einer Tour durch die Anlage eine Strecke von einigen Kilometern zurückgelegt.

Der Garten zeigt eine vergleichsweise ungewöhnliche Seite: Es gibt weite Aussichten mit Rasenflächen, Hügeln, Teichen und Bäumen. Im südwestlichen Gartenbereich liegt eine traditionelle, strohgedeckte Villa, Enyōtei, die dem Familienoberhaupt bei seinen Aufenthalten als Wohnraum diente. Von der Villa aus öffnet sich ein schöner Ausblick auf den im Zentrum des Gartens gelegenen Teich Sawa-no-ike. Mit seinen drei Inseln gilt der Teich als eine Kopie der Landschaft am Biwa-See, Japans größtem See. Hinter dem Teich erhebt sich ein mit getrimmten Azaleensträuchern bestandener, künstlicher Berg – Yuishinzan. Von dort aus kann man die Aussicht über den gesamten Garten bis hin zum Berg Misao in der Ferne genießen. Der kleine Pavillon auf dem Hügel war lange Zeit ein beliebter Ort, um den Mondschein zu genießen.

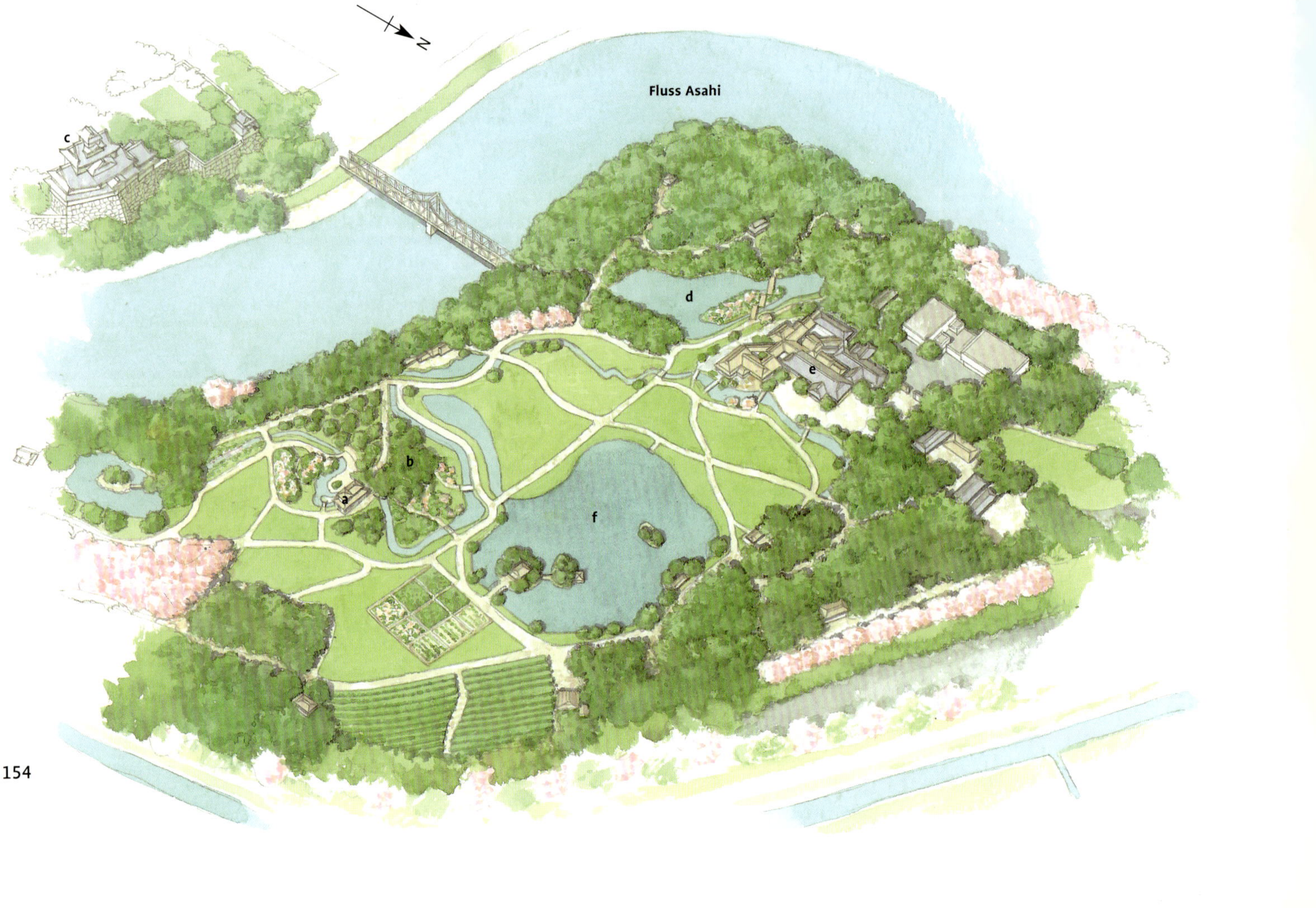

Yuishinzan – der Berg des einsamen Herzens – teilt die Gartenanlage in zwei Hauptbereiche: westlich dehnt sich ein Bereich zur Villa hin aus, östlich des Teichs liegt eine Zone mit Reisfeldern, einer Teeplantage und einem Obstgarten. Obwohl diese Nutzbereiche bis heute erhalten sind, erstrecken sich in den freien Flächen dazwischen seit der Meiji-Zeit weite Rasenanlagen, wie sie im gesamten Garten vorherrschen.

Im Süden der Anlage dehnt sich ein dritter Bereich in Form eines dichten Nadelbaumwaldes mit Hügel aus. Östlich an diesen Wald angrenzend liegt ein Teich namens Kayō-no-ike. Am Ufer gibt es einen 7,5 m hohen Felsen, der in der Edo-Zeit in 69 Stücke geschnitten wurde, um ihn von seinem ursprünglichen Fundort im Binnensee hierher zu verfrachten.

Zwischen den Teichen winden sich Wasserläufe durch den Garten, einer fließt sogar durch einen offenen Pavillon, der dem Fürsten bei seinen Gartenrundgängen als Rastplatz diente. In der Nähe führt eine Zickzack-Brücke über ein mit Iris bepflanztes Flussbett. Im gesamten Garten sind Steinarrangements angeordnet, die das weibliche und männliche Prinzip versinnbildlichen sollen, was mit der chinesischen Vorstellung von *yin* und *yang* in Zusammenhang steht.

Wandelgärten in Tokyo

Oben: Ein flacher Stein im Teich des Koishikawa Kōrakuen, der den Kopf einer Schildkröte symbolisiert.

Unten: Der Berg Lu (Lu shan) in der chinesischen Provinz Jiangxi wird durch diesen Hügel im Koishikawa Kōrakuen nachgeahmt. Der Hügel ist über und über mit geschnittenem Zwergbambus bedeckt, so dass der Eindruck von zwei Hügelkuppen entsteht.

Die Stadt Edo (Tokyo) wurde zunehmend beliebter, nachdem sie im frühen 17. Jahrhundert Japans militärische Hauptstadt geworden war. Obwohl sie es hinsichtlich der kulturellen Bedeutung nicht mit der alten Hauptstadt Kyoto aufnehmen konnte, entwickelte sich die Stadt schnell zu einer Metropole, in der die großen Residenzen und Gärten der *daimyo*-Familien lagen. Die meisten dieser Anlagen wurden während des Zweiten Weltkrieges zerstört, doch die drei erhaltenen Residenzen Koishikawa Kōrakuen, Rikugien und Hama Rikyū zeichnen ein Bild von Gartenprunk und -größe.

Koishikawa Kōrakuen

Im Jahr 1629 erhielt Tokugawa Yorifusa vom dritten Tokugawa-Shogun Iemitsu ein Grundstück in Edo. Yorifusa befahl sofort den Bau einer Residenz mit Garten, doch er starb kurz darauf. Sein Sohn Mitsukuni stellte den Garten mit Hilfe eines aus China vor den Wirren des politischen Umsturzes geflüchteten Gelehrten namens Zhu Shunshui fertig. Man nimmt an, dass er den Gartennamen empfohlen hat, der sich wie der des Okayama Kōrakuen auf das bereits angeführte Zitat bezieht: »Der Fürst soll vor seinen Untertanen trauern und nach seinen Untertanen genießen.«

Der Garten ist um einen Teich herum angelegt. Die Besucher, die um den Teich wandern, treffen auf unterschiedliche Szenerien, die in Anlehnung an chinesische wie japanische Landschaften und berühmte Plätze gestaltet wurden. Es gibt Nachempfindungen des berühmten Damms im Westsee in Hangzhou (China) oder der Togetsu-Brücke in Arashiyama, nahe Kyoto. Im Teich liegt eine bewaldete Insel der Unsterblichen (*hōrai*), an deren Ende ein flacher Felsen ins Wasser ragt: Tokudaijiseki – symbolisiert einen Schildkrötenkopf. Die von Zhu Shunshui gestaltete halbkreisförmige Bogenbrücke Engetsukyō ist berühmt für ihr Spiegelbild im Wasser, das wie ein Vollmond aussieht. Im Garten gibt es zudem ein Reisfeld, das Mitsukuni anlegen ließ, um seiner Schwiegertochter die Schwernis des Ackerbaus zu vermitteln. Der Garten ist besonders bekannt dafür, dass die blühenden Bäume und Blumen den Lauf der Jahreszeiten widerspiegeln. Im frühen Februar blühen die Pflaumen, gefolgt von Kirschen, Glyzinen, Azaleen, Iris und Teichrosen. Lotosblüten verschönern den Sommer und im Herbst leuchtet das Laub.

Obwohl Kōrakuen Ende des 19. Jahrhunderts der am besten erhaltene und berühmteste Garten in Tokyo war, ist heute nur ein Viertel der ursprünglichen Fläche von 25,5 ha erhalten, eingezwängt zwischen Stadion und Bürohochhäusern. Kōrakuen als ältester *daimyo*-Garten in Tokyo steht auf der Liste der Historischen Stätten.

Rikugien

Yanagisawa Yoshiyasu, der Sohn eines hohen Regierungsbeamten, ließ zwischen 1695 und 1702 den Garten Rikugien anlegen. Nach Yanagisawas Tod im Jahr 1714 verfiel der Garten, bis 1877 Iwasaki Yatarō, der Gründer des Mitsubishi-Firmenimperiums umfangreiche Restaurierungsarbeiten beginnen ließ. 1938 ging er als Geschenk in den Besitz der Stadt Tokyo über.

Der Name des Gartens bezieht sich auf die sechs Grundregeln der *waka*-Dichtung, traditionelle Kurzgedichte, die man aus den Gedichten der chinesischen Gedichtanthologie *Buch der Lieder* ableitete. Die sechs Schriftzeichen werden japanisch *mukusanosono* gelesen, was auch der alte Name des Gartens war. Später wurde der Garten umbenannt in Rikugien, was jedoch dieselbe Bedeutung hat. Die Gartenanlage umschließt einen großen Teich, in dem sich eine mit Bäumen bestandene Insel mit einer beeindruckenden Felskomposition befindet. Diese Gestaltung symbolisiert die Insel der Unsterblichen – *hōrai*. Wenn man um den Teich schlendert, sieht man insgesamt 88 verschiedene Szenerien, die sich auf Vorbilder aus der chinesischen sowie der japanischen Literatur beziehen. Es gibt Teehäuser, Ruhepavillons und einen künstlichen Berg namens Fujishirotōge. Außerdem finden sich eine mit Erde gestaltete Brücke, Rhododendren, getrimmte Rasenflächen und Bäume in der Anlage. Rikugien gilt vielen aufgrund der geschmackvollen Gestaltung und der reizvoll abwechslungsreichen Aussichten als der schönste Garten der Stadt.

Hama Rikyū

Der für seine im Frühling mehrfarbig blühenden Bäume bekannte Garten Hama Rikyū liegt in einem

trocken gelegten Sumpfgebiet, wo der Fluss Sumida in die Bucht von Tokyo mündet. Der Teich, der durch die Gezeiten mit Meerwasser gefüllt wird, diente einst als Jagdrevier für Wasservögel. Der vierte Tokugawa-Shogun Ietsuna hatte es seinem jüngeren Bruder Tsunashige zum Bau einer Residenz überlassen. Der 25 ha große Garten wurde ab 1654 angelegt. Tsunashiges Sohn Ienobu, der 1709 zum Shogun ausgerufen wurde, verfügte etliche Verbesserungen und nannte die Residenz Hama Goten – Palast an der Küste. Der Garten diente der Elite als Sommerresidenz, bis das Anwesen 1725 niederbrannte. Ende des 18. Jahrhunderts gestaltete Shogun Ienari die Gartenanlage um.

Nach der Meiji-Restauration (1868) ging der Grundbesitz an das Außenministerium über. Danach wurde das Amt für Kaiserliche Liegenschaften Eigentümer der Anlage und nannte sie um in Hama Rikyū (Hama Palast). Schließlich baute man hier Japans erstes Steinhaus nach westlichem Vorbild. 1945 in den Besitz der Stadt Tokyo übergegangen, machte diese den Park 1946 öffentlich zugänglich.

Die heutige Anlage besteht aus einem interessanten Rundweg um den alten Meerwasserteich, künstlichen Bergen und einem Blumengarten.

Oben: Ein Blick von der Höhe des künstlichen Berges Fujishirotōge im Rikugien-Garten eröffnet eine Panoramaansicht auf die große Insel Nakanoshima inmitten des Teiches.

Unten: Eine Felskomposition, die wie eine im Meer liegende Insel mit Höhle aussieht, versinnbildlicht im Rikugien die *hōrai*-Insel. Die Höhle, wo die Unsterblichen leben, bildet den Zugang zum Berg Hōrai.

Gärten der jüngeren Vergangenheit

Während der frühen Moderne stand Japan unter einem starken Einfluss westlicher Kulturtrends. Zeitweise schienen während der Meiji-Zeit die westlichen Methoden und Handlungsmuster die traditionellen Werte und Techniken gar verdrängen zu wollen. Obwohl sich die Veränderungen in erster Linie auf die wirtschaftliche Entwicklung auswirkten, waren die traditionellen Künste, darunter auch die Gartenkunst, ebenso betroffen. Schrittweise gewann Japan jedoch sein Vertrauen in die eigene Identität zurück und fand einen Weg, die eigenen und fremden Elemente zu verschmelzen. Bei diesem Prozess kamen nur zu oft neue, bemerkenswerte künstlerische Ausdrucksformen zu Stande. Manche Gartenanlagen bezogen beispielsweise weite Rasenflächen in die Gestaltung ein, sodass eine parkähnliche Wirkung entstand. Seit jener Zeit experimentieren japanische Gestalter ununterbrochen mit neuen Gartenformen für Restaurants, Hotels, den öffentlichen Raum und Privatanwesen, teils indem sie traditionelle Techniken und Materialien modifizieren. Die größte Herausforderung stellt dabei die Anpassung an die Bedürfnisse der modernen Gesellschaft dar, ohne dabei die inhaltliche Bedeutung der traditionellen Gärten zu verraten. Dieser Herausforderung stehen in stärkerem Maße jene Gestalter gegenüber, die Japanische Gärten in Ländern anlegen, die einen völlig anderen historischen und kulturellen Kontext bieten.

Oben: In der Meiji-Zeit wurden, von westlichen Konzepten inspiriert, große Rasenflächen populär.

Seiten 158/159: Ein von geschnittenen Büschen umstandenes Schachbrettmuster aus Moos und Steinplatten im Nördlichen Garten der Abtshalle im Tempel Tōfuku-ji, Kyoto.

Geschichte

Die Meiji-Reform, die in der so genannten Meiji-Zeit (1868–1912) gipfelte, führte zur Abschaffung des Shogunats sowie der gesellschaftlichen Klasse der Samurai. Der Kaiser erhielt zumindest auf dem Papier seine Macht zurück. Japan wurde in eine konstitutionelle Monarchie umgewandelt und setzte Kurs auf eine rasche Modernisierung, Industrialisierung und Verstädterung. Der Nachwuchs wurde nach Europa und in die USA gesendet, um dort das Bankwesen, Eisenbahnbau und Industriebetriebe zu studieren. Auch studierte so mancher die westliche Kunst, darunter die Gartengestaltung. Das Modernisierungsprogramm war so erfolgreich, dass Japan innerhalb weniger Jahre ein weltumspannendes Netz ausgebaut hatte und zur Weltmacht avancierte. In der folgenden Taisho-Zeit (1912–1926) machte Japans unausgegorene Demokratie zusehens Platz für den Aufstieg militärischer Kräfte. In der Showa-Zeit (1926–1989) übernahm das Militär die Führung, führte Japan in den Zweiten Weltkrieg und erstmals in der japanischen Geschichte zu Niederlage und Besetzung. Mit dem Tod des Showa-Kaisers Hirohito – er lebte länger als alle seine Vorgänger – im Jahre 1989 hat die derzeitige Heisei-Zeit unter Kaiser Akihito und seiner Gattin Michiko begonnen.

Nach-edozeitliche Tendenzen

In der Meiji-Zeit verlangten gesetzliche Vorgaben die Umwandlung vieler großer Wandelgärten in öffentliche Parkanlagen. Nur wenige behielten ihr markantes, japanisches Gesicht. Viele wurden von Gartenplanern, die in Europa studiert hatten, umgestaltet und zeigen einen westlich beeinflussten Stil. In einigen Gärten gibt es westliche und östliche Elemente, die unvermischt nebeneinander stehen. In anderen Fällen wurden die Einflüsse der beiden Kulturkreise verschmolzen.

Die Faszination für den Naturalismus übte den stärksten Einfluss aus. Die traditionelle Gartengestaltung, die den Garten als ein komplexes Kunstwerk aus Steinen und Bäumen sah, die man in einer stilisierten, von einem allgemein anerkannten Geschmack diktierten Form arrangierte, wurde zusehens zugunsten einer freieren Gestaltung naturähnlicher Szenen abgelöst. Zwei charakteristische, aus den westlichen Gärten übernommene Merkmale der Meiji-Zeit waren die weiten Rasenflächen und die gegenüber früheren Zeiten größere Artenvielfalt der Bepflanzung. Nur in der Heian-Zeit, als viele Pflanzenarten vom Festland eingeführt oder Wildpflanzen kultiviert wurden, gab es ähnlich artenreiche Gartenanlagen. Die Rasenflächen machten die Gärten in gewissem Sinne anwenderfreundlich und weniger pflegeintensiv. Die Pflanzenvielfalt erleichterte es den Gestaltern, durch das ganze Jahr attraktive Kompositionen anzulegen, bei denen die Pflanzen abwechselnd in Blüte standen.

Die Showa-Zeit (1926–1989) erlebte eine Renaissance der smbolischen und abstrakten Gestaltungsansätze, die sich beispielsweise in den *karesansui*-Gärten fanden. Doch auch hier erfolgte eine freiere Interpretation der traditionellen Elemente und Theorien. Man machte eher Gebrauch von behauenen Steinen wie Granit als dass man natürliche Felsen verwendet hätte; neue Kiesmuster wurden erfunden, neue Arrangements von Felsen entwickelt; bei der Gestaltung von Felsen und Sträuchern dominierten geometrische Formen. Letztere Entwicklung wurde ja bereits in der Edo-Zeit eingeleitet, als man in Tempeln wie Daichi-ji Gärten mit getrimmten Hecken – *karikomi* – anlegte.

Zeitgenössische Gärten

Die Zeit nach dem Zweiten Weltkrieg erlebte einen Garten-Boom. Wurden Gärten in der Vergangenheit für die Residenzen von Fürsten, Kriegern und für Tempel angelegt, so schossen im Zuge der Industrialisierung und Urbanisierung der Nachkriegszeit Gärten im öffentlichen Raum, bei Firmensitzen, Hotels, Restaurants und bei den Wohnhäusern der reichen Mittelschicht aus dem Boden. Da in den sich rasch ausbreitenden Städten akuter Raummangel herrschte, legte man Gärten auf jeder verfügbaren, ebenen Fläche an, darunter auch auf Dächern. Auch wenn die Gärten nun an ein verändertes Umfeld angepasst wurden, bedienten sich die Gestalter weiterhin der traditionellen Formsprache, darunter die Trockenlandschaft, der *roji* oder der Typ des Wandelgartens.

Ein besonders reizvoller Trend zeichnet sich bei den erstklassigen Thermalbädern ab, wo die Außenbecken in Gärten umgestaltet werden: Man sitzt im Themalwasser und kann um sich herum einen Garten mit Felsarrangement, getrimmten Bäumen und Sträuchern oder manchmal sogar einem Wasserfall genießen. Auch zeigt sich eine Tendenz, Gärten verstärkt im Inneren eines Einkaufszentrums oder eines Privathauses anzulegen. Oft handelt es sich dabei um geschlossene Räume mit Glaswänden und einem Oberlicht. Die gestalterische Herausforderung ist dabei wohl die gleiche wie zu Beginn der Moderne – die Anpassung des japanischen Gartens an die Bedürfnisse der gegenwärtigen Gesellschaft, ohne den traditionellen Sinngehalt zu verraten. In der heutigen Zeit scheint dabei die Funktion des Gartens als Oase der Entspannung am wichtigsten: Die Stadtbevölkerung braucht einen Ort der Erholung, ohne Lärm und Stress, einen Ort der Begegnung mit der Natur und ein bisschen Ungestörtheit.

Neue Materialien

Ein besonderes Kennzeichen der Gegenwart ist das Experimentieren mit synthetischen Materialien – die Felsen für Hotellobbys werden aus Kunststoffen gegossen. Manche Kritiker meinen, diese Künstlichkeit mag zwar zur Gegenwart Bezug haben, doch habe sie sich zu weit von den Wurzeln der Gartengestaltung entfernt. Ein weiterer Kritikpunkt ist, dass viele moderne Gärten weniger eine Landschaft darstellen denn ein skulpturales Unikat, das den ausführenden Gestalter sowie den Besitzer berühmt machen soll. Andere Fachleute begrüßen diese technischen und formalen Innovationen als Zeichen dafür, dass der japanische Garten lebendig geblieben ist und sich weiter entwickelt.

Ganz oben: Ein moderner Stein-Wasser-Garten in der Internationalen Begegnungsstätte in Kyoto. Im Gegensatz zu den in traditionellen Gärten verwendeten natürlichen Felsen haben die in den zeitgenössischen Gestaltungen eingesetzten Steine eher den Charakter von Skulpturen.

Oben: Dieser moderne Garten der Kyotoer Messehallen wurde mit den vor Ort produzierten Kiyomizu-Keramiken gestaltet, die entlang eines Wasserbeckens arrangiert wurden.

Zwei Gärten aus der Meiji-Zeit

Die Meiji-Zeit (1868–1912) war geradezu eine Experimentierbühne für den Umgang mit neuen Formen, Materialien und Inhalten. Es gibt jedoch auch zahlreiche Gärten aus jener Zeit, die trotz moderner Einflüsse eine eher traditionelle Stimmung an den Tag legen. Die gelungensten Anlagen jener Zeit vereinen erfolgreich westliche und östliche Tradition. Nachfolgend werden zwei dieser bemerkenswerten, meiji-zeitlichen Anlagen beschrieben: Murin-an in Kyoto und Sankeien in Yokohama.

Murin-an

Murin-an ist ein Villenanwesen, das ein hoch geschätzter Staatsmann namens Yamagata Aritomo zwischen 1894 und 1896 (Meiji-Zeit) anlegen ließ. Dem Geschmack der Zeit folgend, wirkt der Garten sehr natürlich. Als progressiver Geist lehnte Yamagata die höchst stilisiert wirkenden Gärten der Vergangenheit ab, suchte aber die Schönheit der traditionellen Gärten zu erhalten. Zusammen mit seinem Gestalter Ogawa Jihei führte er in der Planung neue Elemente ein, darunter ungewöhnliche Pflanzenarten und Gräser. Am östlichen Ende des Gartens steht ein dreistufiger Wasserfall, der der Anlage des Sambō-in nachempfunden ist. Das per Kanal zum Wasserfall geleitete Wasser speist einen Wasserlauf, der sich über einige Stromschnellen in einen zweiten Teich ergießt. Die Szenerie am Wasserlauf wirkt wie eine idealisierte Version eines Baches inmitten einer Baumwiese. Diese Stimmung wird noch verstärkt, indem die geborgte Aussicht mit den Hügelketten östlich der Stadt nur durch eine Lücke in den Bäumen zu erspähen ist.

Auf dem Gelände liegen drei Gebäude, die Hauptvilla, ein Teehaus und ein zweistöckiges Haus im westlichen Architekturstil. Darin führte man vor Ausbruch des russisch-japanischen Krieges eine politische Konferenz zu Fragen der Außenpolitik durch. An dieser so genannten Murin-an-Konferenz nahmen Marschall Yamagata Aritomo, der Premierminister Katsura Tarō, der Außenminister Komura Jatarō und der spätere Premieminister Itō Hirobumi (Seiyū-kai-Partei) teil.

Villa und Garten Murin-an kamen als Schenkung 1941 in den Besitz der Stadt Kyoto und 1951 wurde der Garten von der Regierung zu einer Stätte landschaftlicher Schönheit erklärt. Er gilt vielen als einer der schönsten Gärten Japans.

Murin-an wurde an einem sanften Hang angelegt, mit geborgter Aussicht auf die Higashi-Berge. Das Wasser wird durch einen Kanal in den Garten geleitet, speist einen Wasserfall mit drei Kaskaden, einen Teich und einen Wasserlauf.

Sankeien
Der im Stadtteil Honmoku in Yokohama gelegene Garten Sankeien wurde von dem Geschäftsmann Hara Sankei errichtet. Der Garten ist in zwei Bereiche getrennt, den Inneren und den Äußeren Garten. Vor der Öffnung für das Publikum nutzte die Familie den Inneren Garten privat. Man lebte im Kakushōkaku, dem Familienanwesen. Daneben steht Hara Sankeis Altersruhesitz Hakuuntei. Die Familie ließ zudem zahlreiche historische Gebäude in den Garten versetzten, darunter die edo-zeitliche *daimyō*-Villa Rinshunkaku, die ursprünglich für den Kishu-Zweig der Tokugawa-Sippe in Wakayama erbaut worden war, dazu kamen noch drei Teehäuser, Teile von Tempelanlagen, Gebäude aus Hideyoshis Residenz Fushimi und seiner Burg Nijō. Rinshunkaku wird aufgrund des feinen Sukiya-Stils oft mit der Katsura Villa in Kyoto verglichen. Einmal jährlich im August sind sowohl Rinshunkaku als auch Hakuuntei zur Besichtigung geöffnet.

Der Äußere Garten ist die im Stil eines Wandelgartens mit Blumenschau angelegte Erweiterung des Komplexes. Hier befinden sich weitere 17 wichtige, historische Gebäude, darunter Teehäuser, Tempel und alte Bauernhäuser, die Hara in Orten um Kyoto und Kamakura abtragen ließ, damit sie im Garten wieder erstanden. Die umgesiedelten Bauten liegen verstreut in einer von Bäumen bestandenen Hügellandschaft um einen Teich. Gestaltungsmittelpunkt des Äußeren Gartens ist eine dreistöckige Pagode, die aus dem Tempel Tōmyō-ji in Kyoto hierher versetzt wurde. Im Jahre 1457 errichtet, ist die Pagode nun die älteste in der Region Tokyo. Der Äußere Garten ist seit 1909 öffentlich zugänglich, der Innere seit 1958. Im Zweiten Weltkrieg wurde die Anlage stark beschädigt. 1953 übergaben die Eigentümer das Anwesen an eine Stiftung namens Sankeien Hoshōkai, die den Vorkriegszustand des Gartens nahezu völlig wieder herstellte.

Die Villa Rinshunkaku und ihre Gärten innerhalb der Parkanlage Sankeien stellen eine gelungene Mischform aus traditionellen, östlichen und westlichen Gestaltungselementen dar. Die Einfachheit der Rasenfläche und des Teichs stehen in schönem Kontrast zu den leuchtenden Farben des Herbstlaubes auf den umgebenden Hügeln. Bei der Villa selbst handelt es sich ursprünglich um eine *daimyō*-Residenz, die in den Sankeien versetzt wurde.

Zwei Gärten aus der Showa-Zeit

Der Westgarten (oben) und der Nordgarten (unten) der Abtsresidenz im Tempel Tōfuku-ji in Kyoto zeigen beide das Schachbrettmotiv. Im Westgarten wurden geschnittene Sträucher mit Kies variiert, im Nordgarten besteht das Muster aus Steinplatten und Moosquadraten. Die Faszination für geometrische Formen in diesen modernen Gärten spiegelt den Zeitgeist der Showa-Ära.

In der Showa-Zeit (1926–1989) erwachte neuerlich das Interesse an abstrakten Formen und Kompositionen wie sie auch in den Gärten des Tōfuku-ji, Kyoto, und des Adachi Museums in Shimane zu erkennen sind. Man wandte sich vom Naturalismus der Meiji-Zeit ab, um teilweise zu jenen Gestaltungsansätzen zurückzukehren, die in den Zen-Gärten der Kamakura- (1185–1333) und der Muromachi-Zeit (1333–1573) dominierten.

Der Hōjō des Tōfuku-ji

Der in der Kamakura-Zeit gegründete Tempel Tōfuku-ji war eine der großen Zen-Klosteranlagen in Kyoto, mit 101 Nebentempeln. Im Laufe der Jahrhunderte wurden die Gebäude durch Brände zerstört, darunter auch der *hōjō* (Abtsresidenz) im Jahre 1880. Obwohl man ihn schon neun Jahre später wieder aufgebaut hatte, wurde erst 1939 mit Shigemori Mirei einer der führenden Architekten seiner Zeit beauftragt, einen neuen Garten für den Wohnbereich des Abtes zu gestalten. Es war eher üblich, alte Gärten zu rekonstruieren oder umzugestalten. Doch Shigemori versuchte, den kamakurazeitlichen Geist des Zen in neuer Formsprache zum Ausdruck zu bringen. Das war seiner Meinung nach deshalb möglich, weil beide Epochen die Einfachheit betonten. Die Gärten, überaus gelungene Beispiele für showa-zeitliche Gestaltungsansätze, atmen modernen Hauch und sind in ihrer Einfachheit sehr anmutig. Dennoch kann man sie nicht so einfach rezipieren wie viele der traditionellen Gartengestaltungen in Japan.

Die Abtsresidenz des Tofukuji ist von vier Gärten umgeben. Der Hauptgarten südlich des *hōjō* enfaltet die traditionellste Wirkung. Es handelt sich um einen Trockengarten, dessen Fläche zweigeteilt ist: In der Osthälfte stehen vier Steinarrangements, Sinnbild für die Inseln der Unsterblichen im Ostmeer – *hōrai*. In der Westhälfte liegen fünf grasbedeckte Hügelchen, die die fünf wichtigsten buddhistischen Tempelanlagen der Kamakura-Zeit einschließlich Tōfuku-ji symbolisieren. Die zwei Bereiche werden durch ein Meer aus geharktem Kies zusammengehalten. Zudem fasst eine weiß getünchte Mauer mit Ziegelkrone zwei Seiten des Gartens ein.

Der Westgarten ist mit einem Schachbrettmuster aus niedrig getrimmten Sträuchern und weißen Kiesquadraten gestaltet. Dieses Motiv nimmt auch der Nordgarten auf: hier liegen quadratische, weiße Steinplatten zwischen Moosquadraten. Im Westgarten wird der geometrischen Gestaltung durch ein unregelmäßiges Moosbeet die Strenge genommen, im Nordgarten übernimmt ein angrenzender Hügel mit Ahornbäumen diese Funktion.

Im Ostgarten sieht man ein Arrangement aus sieben zylindrisch behauenen Steinen, die vormals als Fundamentsteine eines Gebäudes dienten. Die Steine sind in Form des Großen Wagens angeordnet und von einer gerechten Kiesfläche umgeben.

Durch die Anlage des Tōfuku-ji zieht sich ein tiefer Taleinschnitt, der von drei Brücken überspannt wird. Die berühmteste dieser Brücken – Tsūtenkyō – wurde gebaut, damit die Mönche des Tempels den Hondō erreichen konnten, ohne ins Tal hinabzusteigen. Alljährlich im Herbst kommen Tausende Besucher um die Farbenpracht der 2000 im Tal gepflanzeten Ahornbäume zu genießen.

Der Garten des Adachi-Museums

Die Zeitschrift *The Journal of Japanese Gardening* kürte im Jahr 2003 die Gartenanlage des Adachi-Museums zum besten Garten in Japan. Die Museumssammlung besteht überwiegend aus japanischer früh-moderner Malerei, Keramik, Holzplastik und Goldlack-Kreationen. Um das Museum dehnt sich eine 4 ha große Gartenanlage aus, die 1970 von Nakane Kinsaku im Auftrag des Museumsstifters Adachi Zenkō geplant wurde. Adachi selbst beschrieb den Garten als eine Bildrolle, die sich vor den Augen des Betrachters entfaltet, wenn er bei einem Rundgang durch das Museum aus den großen Fenstern sieht.

Die Anlage ist in vier Hauptbereiche gegliedert: Teichgarten, Trockengarten, Kies- und Kieferngarten sowie Moosgarten. Als Kontrast zu den

Oben: Diese grasbedeckten Hügel im Westteil des Südgartens des Tōfuku-ji Tempels symbolisieren die fünf wichtigsten buddhistischen Zentren der Kamakura-Zeit.

Links: Ausschnitt eines im Ostteil des Südgartens des Tōfuku-ji Tempels gelegenen Kiesmusters, das kreisförmige Wellen um die Felsen nachahmt.

anderen, eher traditionell gestalteten Gärten und im Dialog mit den in westlichem Architekturstil gehaltenen Museumsgebäuden geht der Teichgarten einen Kompromiss ein: Es handelt sich um die moderne, westlich inspirierte Gestaltung eines kleinen Karpfenteichs mit Steinbrücke, umgeben von Bäumen und Felsen. Die klaren Linien des Museumsbaus bilden das schlichte Hintergrundmotiv am Ufer. Am jenseitigen Ufer führt ein Taupfad zum Juryū-an, einem Teehaus mit Bambuszaun inmitten eines dichten Wäldchens. Vorbild für Juryū-an war das berühmte Teehaus Shōkintei in der Katsura-Villa.

Der *karesansui*-Garten, den man von der Eingangshalle des Museums aus sieht, ist der wohl wichtigste Garten der Anlage. Die gerechte Kiesfläche zieht sich zwischen grasbewachsenen Hügelchen und Hängen entlang, hin und wieder akzentuiert durch ein Steinarrangement oder in Form geschnittene Sträucher. Im Sommer bilden der weiße grobe Sand und das strahlende Grün von Gras und Sträuchern einen stimmungsvollen Kontrast zu den bläulichen Bergen in der Ferne.

Der Kies- und Kieferngarten ist ebenso in der Tradition der Trockengärten zu sehen. Getrimmte Schwarz-Kiefern stehen zusammen mit Felsen und Azaleensträuchern verstreut in einer weiten Fläche von Kies, dazu gibt es noch einen kleinen Teich. Den Hintergrund dieser so statisch anmutenden Komposition bildet ein an einem Hang angelegter, 15 m hoher, künstlicher Wasserfall. Er verleiht der Szene einen Hauch von Bewegung.

Durch den Moosgarten zieht sich ein breiter Fluss aus weißem Kies, dessen in sanften Wellen verlaufendes Ufer durch weite Moosflächen markiert wird. Darin stehen 800 Kiefern so angeordnet, als wüchsen sie natürlich an einem Berghang. Gegen Ende des Sommers werden die alten Nadeln sorgfältig gekappt, die Zweige geschnitten und die Rinde so weit entfernt, dass die Stämme orangefarben leuchten.

Trotz ihrer Verwurzelung in der Tradition machen die Gärten des Adachi-Museums mit ihrem surrealen Charakter einen eindeutig modernen Eindruck. Durch die hohen Fensterfronten des Museums betrachtet, sind sie Bilder, die man ansieht und nicht betritt. Die streng und sorgfältig gepflegten Landschaften sind in jeder Hinsicht perfekt. Die Perfektion der Adachi-Gärten steht in einem interessanten Gegensatz zu der anheimelnden Atmosphäre der Tee-*roji*, deren gestalterisches Ziel ja gerade darin lag, die Schönheit der Vergänglichkeit und Unvollkommenheit zu zeigen.

Oben: Der in der Ferne sichtbare »trockene« Wasserfall Kikaku-no-taki, der als dynamisches Element eine eher statische Szenerie belebt.

Gegenüber oben: Blick auf den Kies- und Kiefern-Garten des Adachi-Museums mit den Bergen als geborgte Aussicht im Hintergrund.

Gegenüber unten links: Nahaufnahme eines Felsarrangements mit Brücke im Adachi-Museumsgarten.

Gegenüber unten rechts: Ein Weg aus Natursteinen und bearbeiteten Steinplatten führt zum Teehaus Juryū-an, einer Kopie des Shōkintei in der Katsura-Villa.

Japanische Gärten außerhalb Japans

Oben: Diese Laterne – *Misakigata* – am Teich des Kurimoto-Gartens hat keinen Fuß.

Unten: Brücke und dreizehnstöckige Steinpagode im Kurimoto-Garten. Die Bepflanzung besteht ausschließlich aus in Alberta, Kanada, heimischen Arten. Inspiriert wurde dieser japanische Garten durch den Murin-an in Kyoto.

Japanische Gärten sind auch im Ausland überaus populär. Es gibt mehr als 300 Gärten in japanischem Stil außerhalb Japans sowie eine große Zahl von Institutionen, die die Erforschung und Gestaltung von Japanischen Gärten im Ausland fördern. Eine der größten Herausforderungen für die Gestalter ist dabei, die Gärten authentisch anzulegen und gleichwohl an die veränderten Standortbedingungen und kulturellen Hintergründe anzupassen.

Gartenstandorte

Die Zeitschrift *The Journal of Japanese Gardening* hat unlängst 39 Fachleute für Japanische Gärten in Europa, Nord-Amerika und Australien befragt, um eine Rangliste der qualitativ besten Japanischen Gärten außerhalb Japans aufzustellen. Die Befragten sollten sich auf Merkmale wie Feinheit und natürliche Schönheit konzentrieren und nicht nach Bekanntheitsgrad oder Größe urteilen. Die meisten auf der Rangliste weit vorne platzierten Gärten liegen in den Vereinigten Staaten, doch gibt es auch bemerkenswerte Anlagen in Kanada, Australien, Großbritannien, Deutschland, den Niederlanden, Frankreich, Finnland und Polen.

Informationsquellen

Es gibt zahlreiche Gartengesellschaften außerhalb Japans, die sich der Verbreitung der Japanischen Gartengestaltung widmen, darunter The Japanese Garden Society (GB), die Vancouver Japanese Gardeners Association (CAN) sowie The International Association of Japanese Gardens Inc. (USA). Letztgenannte publiziert die Zeitschrift *The Journal of Japanese Gardening* (siehe www.alcasoft.com/roth/) und ihr erklärtes Ziel ist die »Förderung der interkulturellen Kommunikation durch die die Beschäftigung mit und Erforschung von Japanischen Gärten weltweit«. Die interaktive Internet-Seite *The Japanese Garden Database* (www.jgarden.org) bietet Informationen zu Japanischer Gartengestaltung.

Internationale Konferenzen finden jählich statt. Das Vierte Internationale Symposium über Japanische Gärten (2004) in Seattle thematisierte zwei Fragekomplexe, einerseits die Innovationen, die mit dem Transfer japanischer Gestaltungskonzepte in andere Kulturkreise einhergehen, andererseits die Frage, was einen Garten überhaupt japanisch macht. Grundlegend ist die Frage, wie die Authentizität gewahrt werden kann. Authentizität bewahren heißt dabei jedoch keineswegs, dass klassische Japanische Gärten kopiert werden sollten oder die in Japan heimischen Pflanzen sowie Steine nach Übersee exportiert werden müssen. Authentizität bedeutet vielmehr, Gestaltungskonzepte und Techniken anzuwenden, die schon seit Jahrhundeten unter Beweis stellen, dass die Betrachter sie als inspirierend empfinden. Darunter fällt beispielsweise die Übertragung japanischer Schnitt- und Gestaltungsformen auf Baum- und Straucharten, die nie zuvor in einem Japanischen Garten verwendet wurden. Authentizität steht also keinesfalls im Widerspruch zu Kreativität, Experimentierfreude und Wandel.

Der Kurimoto-Garten, Kanada

Der Japanische Garten der Universität von Alberta in Edmonton, Kanada, wurde 1990 eröffnet. Der Garten wurde von dem Gestaltungsbüro Kubo in Japan entworfen und unter der Leitung von Mitani Kōzō angelegt. Es heißt, Mitani habe, als er erfuhr, dass die Steine für den Garten mit Dynamit gebrochen werden sollten sein Veto mit folgenden Worten eingelegt: »Es hat keinen Sinn, einen Japanischen Garten anzulegen, wenn dabei die *kami* (Naturgeister) vertrieben werden. Wir müssen die Steine mit Respekt und Sorgfalt behandeln.« Als die Verantwortlichen der Universtität sich darüber beklagten, dass der Einsatz traditioneller Techniken im Steinbruch zu kostspielig wäre, drohte Mitani mit Kündigung seines Vertrages und Abreise. Schließlich genehmigte die Universität seine Vorgehensweise und das Ergebnis ist einer der authentischsten und zugleich der am weitesten nördlich gelegene japanische Garten der Welt.

Seine Gestalt wurde durch den Murin-an in Kyoto beeinflusst. Der Kurimoto-Garten ist eine miniaturisierte Gesamtschau der Provinz Alberta. Er zieht sich um einen durch zwei Wasserläufe gespeisten, von ausschließlich heimischen Baumarten wie Espen, Fichten, Papier-Birken und Lärchen sowie Grashügeln umgebenen Teich. Es dauerte zwei Jahre, die Felsen für den Teich und die Flussbetten zu brechen und ebenso lange, bis sie an ihren jetzigen Standorten platziert waren. Obwohl die Anlage als Wandelgarten geplant wurde, verleitet die geradezu abgeschiedene Stimmung den Besucher oftmals dazu, an den malerischen Aussichten zu verweilen und nachzusinnen.

Der Japanische Garten in Portland, USA

Der Japanische Garten in Portland, Oregon, gilt weithin als einer der traditionellsten Japanischen Gärten außerhalb Japans. Von Anfang an wurde die Anlage durch Bürger wie Politiker und die Japanese Garden Society of Oregon gefördert. Sie wird durch die Hilfe Freiwilliger sowie durch Eintrittsgelder und Souvenirs unterhalten.

Die etwa 3,2 ha große Fläche gliedert sich in fünf Bereiche: einen Wandelgarten mit Teich, einen Teegarten mit Teehaus, einen Naturgarten, einen ebenen Garten und einen *karesansui*-Garten mit Sand und Steinen. Professor Tōno Takuma, Dekan des Fachbereiches Landschaftsarchitektur der Universität Tokyo wurde 1963 beauftragt, die Anlage zu planen und die Ausführung zu betreuen. 1967 wurde der Garten eröffnet.

Den flächenmäßig größten Anteil nimmt der Wandelgarten um den Teich ein, wo mit den »geborgten Aussichten« und *miegakure* (verbergen und öffnen) traditionelle Gestaltungstechniken dominieren. Die geborgte Aussicht bezieht in diesem Fall die Bergkette der Cascade Range mit Mount Hood in den Garten ein. Zu den besonderen Elementen des Teichgartens zählen eine Glyzinen-Treillage, eine fünfstöckige Pagode, eine von der Partnerstadt Sapporo gestiftete Steinlaterne, malerische Brücken, ein Wasserfall und die im späten Juni blühenden Irisbeete. 1963 übergab der Bürgermeister von Yokohama anlässlich der ersten Hafeneinfahrt eines Schiffes an der amerikanischen Westküste nach dem Zweiten Weltkrieg dem Garten die so genannte Friedenslaterne.

Eine Yukimigata-Schneelaterne im Japanischen Garten von Portland, Oregon.

Der Japanische Garten in Cowra, Australien

Der Japanische Garten und das Japanische Kulturzentrum in Cowra, New South Wales, nehmen eine Fläche von 5 ha ein – es ist der größte Garten in japanischem Stil auf der Südhalbkugel. In Cowra gab es während des Zweiten Weltkrieges ein Lager für Kriegsgefangene, in dem 1944 bei einem verzweifelten Ausbruchsversuch 231 japanische Soldaten ums Leben kamen. Sie wurden hier in Cowra beerdigt. Nach Kriegsende beschlossen die australischen Veteranen, einen Schlussstrich unter die Vergangenheit zu ziehen und von nun an zur Pflege der Kriegsgräber beizutragen. Damit begann ein freundschaftliches Verhältnis zwischen Cowra und Japan, was in der Anlage des Gartens durch das örtliche Tourismusbüro, den australischen und der japanischen Staat sowie private Geldgeber gipfelte. Der Bau begann 1978 unter der Leitung des bekannten Gartenarchitekten Nakajima Ken.

Der weiträumige Park besteht aus zwei Gartenbereichen, einem *karesansui*-Garten, der auf die Betrachtung von einem einzigen Punkt her ausgelegt ist, und einem Wandelgarten, der einen Teich mit *hōrai*-Insel und einer Bogenbrücke umgibt. Die Brücke wurde nach einem Vorbild im Sankeien in Yokohama gestaltet. In den Teich fließt ein Wasserlauf, der an einem hoch aufragenden Felsen auf einem Hügel entspringt. Dieser besondere Stein Shugoseki, den der Gestalter als Schutzgott interpretierte, gab den Ausschlag für den Gartenstandort. In der Nähe des Shugoseki liegt ein großer, flacher Felsen – Yōgōseki. In Japan markiert ein solcher Stein die Stelle, wo die *kami* (Geister) auf die Erde kommen. Für Nakajima Ken symbolisiert Yōgōseki den Ort, wo die Seelen der australischen und japanischen Soldaten hinkommen, um Frieden zu finden.

Gestalterisches Ziel der Gesamtkomposition ist, verschiedene Landschaftstypen Japans zu zeigen. Dazu werden auch japanische Pflanzenarten wie Kirsche und Ahorn verwendet. Doch auch heimische Arten wie der Eukalyptus-Baum sind integriert, schon alleine um die bodennahe Vegetation vor der prallen australischen Sonne zu schützen.

Etliche weitere Blickfänger sind in der Anlage verstreut: ein *torii* im Stil der Shinto-Schreine, das dem großen Tor des Itsukushima-Schreins in Miyajima nachempfunden ist, ein traditionelles mit *tatami* ausgelegtes Bauernhaus, ein Teehaus mit *roji* und eine buddhistische Tempelglocke aus Bronze. Jedes Jahr im Frühling, wenn die Besucher zur Kirschblüte anreisen, bieten die Sponsoren eine Vielzahl von Kulturveranstaltungen, darunter Blumenstecken, Kalligraphie oder Tee-Zeremonien an.

Nakajima Ken, dessen Urne im Garten beigesetzt ist, überwachte alle Schritte in der Planung und der Ausführung. Er war besonders stolz auf das Ergebnis und bezeichnete den Garten in Cowra oft als seinen Lieblingsgarten außerhalb Japans.

Der Teich des Japanischen Gartens in Cowra, New South Wales, Australien.

Oben: Der große Kübel nimmt formal den Bezug zu den anderen runden Formen in diesem Garten auf und dient zudem als Pflanzbehälter für Seerosen und als Vogeltränke.

Rechts: Ein *tsukubai* (Handwaschbecken) aus Stein mit Bambuswasserleitung.

Ganz rechts: Diese kleine *yukimigata* (Schneelaterne) steht auf einem Felsen, damit sie sich von der umgebenden Vegetation und dem Weg abhebt. Dadurch wird sie zu einem Blickfänger.

Glossar

bakufu Bezeichnung für die feudale Militärherrschaft
bushidō wörtl.: Weg der Krieger, der Ehrenkodex der Samurai
chaniwa Bezeichnung für den Tee-Garten mit *roji* (Taupfad)
chanoyu Teezeremonie, auch oft *sadō* genannt, Weg des Tees
chisen-kaiyū-shiki teien um einen Teich angelegter Wandelgarten
chisen shūyū teien Teichgarten, den man vom Boot aus betrachtet
daimyō Kriegsfürst, Feudalherr
dobashi mit Moos oder Torf bedeckte Brücke
esoterischer Buddhismus Auslegungsrichtung des Buddhismus, die auf geheimen Lehren und Praktiken beruht
funa asobi Vergnügungsfahrt per Boot
haiku 17-silbiges »Ton«-Gedicht
hinbonseki drei Steine, die aus der Vogelschau betrachtet ein Dreieck bilden
hōjō Residenz des Abtes
hondō Haupthalle eines buddhistischen Tempels, bei manchen Schulen auch Kondo genannt
hōrai Chinesischen Legenden zufolge die Insel der Unsterblichen im Ostmeer
ishibashi Steinbrücke
ishi-date-so Steine setzende Mönche, auch *ishi-tate-so*
jari Kies
jōdo Reines Land (Westliches Paradies) des Amida-Buddhismus
kaiyū shiki teien Ausflugsgarten
kakei Bambusröhre, die das Wasser in einen Handwaschtrog leitet
kameshima (oder kamejima) Schildkröten-Insel
kami Geist oder Shinto-Gottheit
kanshō Meditationsausblick
karedaki trockener Wasserfall, auch *karetaki*
karesansui wörtl. Trockene Landschaft; das fließende Wasser wird durch Felsen und Kies dargestellt
karikomi eine geschnittene Hecke, häufiges Gestaltungselement in *karesansui*-Gärten
kiriishi ein behauener Felsen
kuromatsu Schwarz-Kiefer
kuruma-yose Wagenvorfahrt bei einer Krieger-Residenz
kyakuden Empfangshalle einer Krieger- oder Tempelresidenz im Shoin-Stil
ma Interval, die Leere in der japanischen Kunst und Gartengestaltung
machiai überdachte Wartebank, wo die Besucher den Aufruf zur Teezeremonie erwarten
miegakure Gestaltungstechnik des Verbergens und Enthüllens, die in Wandelgärten häufig eingesetzt wurde
miya alter Name für ein Gebäude, das als Schrein oder Tempel diente
monzeki Tempel, dessen Abt ein Mitglied der kaiserlichen Familie war
mu geheiligte Leere, eine Sphäre jenseits von Raum und Zeit
niwa Garten, vormals die Bezeichnung für einen Platz, an dem Zeremonien stattfanden
Paradiesgarten Garten des Reinen Landes im Jōdo-Buddhismus
rinsen kaiyū teien Promenadengarten mit Landschaftsszenerien
roji Pfad aus Trittsteinen in Teegärten, auch Taupfad genannt
rōkyō gedeckte Brücke, auch kurehashi genannt
sabi die Patina, die durch den Alterungsprozess entsteht
sakuteiki Gartenhandbuch aus dem 11. Jahrhundert
sanzonseki Arrangement aus drei Felsen, die die buddhistische Trias versinnbildlichen
shakkei wörtl.: geborgte Landschaft/Aussicht
shinden Haupthalle eines Palastes im so genannten Shinden-Stil
shin-gyō-sō der Übergang von formaler über halbformale bis zu freier Gartengestaltung
shinto die eigene Religion Japans
shishi odoshi wörtl.: die Wildscheuche, urspünglich von Bauern ersonnen, um Hirsche und Wildschweine von den Feldern zu vertreiben
shoin kleines Studierzimmer, das sich später zur Audienzhalle entwickelte
soribashi Bogenbrücke
suna Sand
teien Begriff für Garten in der modernen japanischen Sprache
tokonoma Bildnische, zurückgesetzter Alkoven eines traditionellen japanischen Hauses zur Präsentation von Kunstwerken
tsubo-niwa kleiner Innenhofgarten
tsukiyama künstlicher Hügel im Garten
tsukubai Wasserbecken
tsurushima (oder tsurujima) Kranich-Insel
wabi streng, einfach, natürlich und unvollkommen
waka Bezeichnung für ein klassisches Kurzgedicht
yukimigata Schneelaterne
yuniwa geheiligter Platz
zen eine Form des Mahayana-Buddhismus, die die Meditation (*zazen*) in den Vordergrund stellt

Dank und Bildnachweis

Wir danken besonders dem Amt für Kaiserliche Liegenschaften in Kyoto für seine beträchtliche Hilfe, sowie den Tempeln Nishi Hongan-ji in Kyoto und Ritsurin Kōen in Takamatsu. Dank geht auch an Don Sprigings (Kurimoto-Gärten), Sarah Fawcett (Japanese Garden Society of Oregon), Julie Newton (Bildagentur Dietrich Leis), Jennifer Miller (Japanischer Garten und Kulturzentrum Cowra) sowie Elizabeth Maloney (Tourismusbehörde New South Wales). Besonders hilfreich waren uns die in japanischer Sprache veröffentlichten Bücher *Nihon no Niwa*, *Ishigumi ni Miru Nihon Teien-shi* von Saitō Tadakazu (1999) und *Nihon Teien no Mikata* von Miyamoto Kenji (1998). Und Noor Azlina Yunus, unserer Lektorin, sind wir für ihre ständige Unterstützung zu großem Dank verpflichtet.

o = oben; u = unten; m = Mitte, l = links, r = rechts

Dianne Dietrich Leis Photography: 169
Imperial Household Agency, Kyoto office: 30/31, 52/53, 60/61, 133 o, 134/135, 136, 137 u
Keystone: 1, 4/5, 11, 15, 24, 28, 37 or, mr, ul, 43, 50/51, 56/57, 74/75, 83, 85 o, 87, 88/9, 91, 93 ur, 108, 109 m, 111 o, 113, 124, 125, 127 u, 139, 144/145, 149, 163, 165 o, 166/167 o
Masano Kawana: Vorsatz
Nishi Honganji Temple: 115
Ben Simmons Photography, Umschlag, 6, 23, 26 u, 29, 37 ol, ur, 45 u, 46, 47, 48, 55, 59 ml, mr, ul, 63, 65 u, 67 u, 97, 98, 99 u, 118, 121 o, 158/159, 165 u
Tourism New South Wales: 170/171
David and Michiko Young: 2/3, 8/9, 12/13, 14, 16, 17, 18/19, 20, 21, 22, 26 o, 30 l, 32, 34, 36, 37 ml, 38, 39, 40, 42, 44/45, 45 o, 49, 54, 58, 59 ol, or, ur, 65 o, 67 o, 68, 69, 70, 71, 72, 73, 77, 78, 79, 80/81, 81, 82, 85 u, 86, 92, 93 o, u, 95, 96, 99 o, 100, 101, 103, 104/105, 105, 106, 107, 109 o, 110, 111 u, 116, 117, 119, 120, 121 ul, ur, 122, 123, 127 o, 128/129, 129, 130, 131, 132, 133 u, 137 o, 140/141, 141, 142, 143, 146/147, 147, 150/151, 152, 153, 155, 156, 157, 160, 161, 162, 166 ul, ur, 167, 168, 172, 173, 174

Bibliografie

Albright, Bryan und Constance Tinsdale, A Path Through the Japanese Garden, Ramsbury, Wiltshire, UK: Crowood Press, 2000.

Berthier, Francois und Graham Parks, Reading Zen in the Rocks: The Japanese Dry Landscape Garden, Chicago: University of Chicago Press, 2000.

Bibb, Elizabeth und Michael S. Yamashita, In the Japanese Garden, Golden, Colorado: Fulcrum Publishing, 1996.

Borja, Erik und Paul Maurer, Japanische Gärten, Gärten gestalten mit Zen, München: Christian Verlag, 2006.

Bring, Mitchell und Josse Wayambergh, Japanese Gardens: Design and Meaning, New York: McGraw-Hill, 1988.

Carver, Norman, Form and Space in Japanese Architecture and Gardens, Kalamazoo, Maryland: Documan Press, 1993.

Cave, Philip, Creating Japanese Gardens, Rutland, VT & Tokyo: Charles E. Tuttle Co., 1998.

Conder, Josiah, Landscape Gardening in Japan, Tokyo: Kōdansha International, 2002 [1893].

Du Cane, Ella, The Flowers and Gardens of Japan, London: Kegan Paul International, 2004.

Earle, Joe und Hibi Sadao, Infinite Spaces: The Art and Wisdom of the Japanese Garden (Based on the Sakuteiki), Boston; Rutland, VT & Tokyo: Tuttle Publishing, 2000.

Engle, David, Japanese Gardens for Today, Rutland, VT & Tokyo: Charles E. Tuttle, 1959.

Gotō, Seiko, The Japanese Garden: Gateway to the Human Spirit, Peter Lang Publishing, 2003.

Harada, Jirō, Japanese Gardens, Boston: Charles T. Branford Co., 1956.

Hayakawa, Masao, The Garden Art of Japan, New York & Tokyo: Weatherhill & Heibonsha, 1973.

Hendy, Jenny, Zen in Your Garden: Creating Sacred Spaces, Rutland, VT & Tokyo: Charles E. Tuttle, 2001.

Hibi, Sadao, A Celebration of Japanese Gardens, Tokyo: Graphic-sha, 1994.

Higuchi, Tadahiko, The Visual and Spatial Structure of Landscapes, Cambridge, Mass.: MIT Press, 1983.

Horiguchi, S. und Kōjiro, Y., Tradition of Japanese Gardens, Tokyo: Kokusai Bunka Shinkōkai, 1962.

Houser, Preston L. und Mizuno Katsuhiko, The Courtyard Gardens of Kyoto, Mitsumura Suiko Shoin, 1996.

Houser, Preston L. und Mizuno Katsuhiko, Invitation to Kyoto Gardens, Kyoto: Mitsumura Suiko Shoin, n.d.

Houser, Preston L. und Mizuno Katsuhiko, Invitation to Tea Gardens, Kyoto: Mitsumura Suiko Shoin, 1992.

Inaji, Toshirō, The Garden as Architecture: Form and Spirit in the Gardens of Japan, China and Korea, Tokyo: Kōdansha International, 1998.

Itō, Teiji, Space and Illusion in the Japanese Garden, New York & Tokyo: Weatherhill & Tankōsha, 1973.

Itō, Teiji, The Gardens of Japan, Tokyo: Kōdansha International, 1998.

Keane, Marc P., Gestaltung Japanischer Gärten, Stuttgart: Verlag Eugen Ulmer, 1999.

Kitamura, Enginsai, Tsukiyama Teizōden (Building Mountains and Making Gardens), Kyoto: Ogawa Tazaemon, 1735.

Klingsick, Judith D., A Japanese Garden Journey: Through Ancient Stones and Dragon Bones, Stemmer House Publishers, 1999.

Kōdansha Encyclopedia of Japan, Tokyo, 1993.

Koren, Leonard, Gardens of Gravel and Sand, Berkeley: Stone Bridge Press, 2000.

Kuck, Loraine, The World of the Japanese Garden: From Chinese Origins to Modern Landscape Art, New York & Tokyo: Weatherhill, 1984.

Kuitert, Wybe, Themes in the History of Japanese Garden Art, Honolulu: University of Hawaii Press, 2002.

Main, Alison und Newell Platten, The Lure of the Japanese Garden, Kent Town, South Australia: Wakefield Press, 2002.

Mizuno, Katsuhiko und John Bester, Landscapes for Small Spaces: Japanese Courtyard Gardens, Tokyo: Kōdansha International, 2002.

Mori, Osamu, Typical Japanese Gardens, Tokyo: Shibata Publishing Co., 1962.

Morse, Edward S., Japanese Homes and Their Surroundings, New York: Dover Publications, 1961 [1886].

Nakane, Kinsaku, Kyoto Gardens, 22 nd edn, Osaka: Hoikusha, 1992.

Newsom, S., Japanese Garden Construction, Tokyo: Dōmoto, Kumagawa, and Perkins 1939.

Nitschke, Günter, Japanische Gärten, Köln: Benedict Taschen Verlag, 2003.

Nose, Michiko Rico, Masuno Shunmyō und Michael Freeman, Der moderne japanische Garten, Stuttgart: DVA, 2006.

Ōhashi, Haruzō, Japanese Courtyard Gardens, Tokyo: Graphic-sha, 1988.

Ōhashi, Haruzō, The Japanese Garden: Islands of Serenity, Tokyo: Graphic-sha, 1997.

Rambach, Pierre und Susanne Rambach, Gardens of Longevity in China and Japan: The Art of the Stone Raisers, New York: Skira & Rizzoli, 1987.

Sansom, G. B., Japan: A Short Cultural History, New York: Appleton, Century, Crofts, 1962.

Seike, Kiyoshi, Kudō Masanobu und David H. Engle, A Japanese Touch for Your Garden, Tokyo: Kōdansha International, 1980, 1993.

Shigemori, Kanto, The Japanese Courtyard Garden: Landscapes for Small Spaces, New York: Weatherhill, 1981.

Slawson, David A., Secret Teachings in the Art of Japanese Gardens: Design Principles, Tokyo: Kōdansha International, 1991.

Takakuwa, Gisei und Asano Kiichi, Japanese Gardens Revisted. Rutland, VT & Tokyo: Charles E. Tuttle, 1973.

Takei, Jirō und Keane, Marc P., Sakuteiki oder die Kunst des japanischen Gartens, Stuttgart: Verlag Eugen Ulmer, 2005.

Tamura, Tsuyoshi, Art of the Landscape Garden in Japan, Tokyo: Shinkokai, 1935.

Taylor, Mrs Basil (Harriet Osgood), Japanese Gardens, New York: Dodd, Mead, 1912.

Treib, Marc und Ron Herman, A Guide to the Gardens of Kyoto, Tokyo: Kōdansha International, 2004.

Tsunoda, R., W. T. de Bary und D. Keene, Sources of Japanese Tradition, New York: Columbia University Press, 1958.

Varley, Paul, Japanese Culture, 4 th edn, Honolulu: University of Hawaii Press, 2000.

Wright, Tom and Mizuno Katsuhiko, Zen Gardens: Kyoto's Nature Enclosed, Kyoto: Mitsumura Suiko Shoin, 2000.

Yoshikawa, Isao, The World of Zen Gardens, Tokyo: Graphic-sha, 1991.